PAPARICAÇÃO

O QUE AS PRÁTICAS EDUCATIVAS PRODUZEM E REVELAM SOBRE RAÇA NA CRECHE?

Catalogação na Fonte
Elaborado por: Dayanne Leal Souza
Bibliotecária CRB 9/2162

O488p
2025

Oliveira, Fabiana de
Paparicação: o que as práticas educativas produzem e revelam sobre raça na creche? / Fabiana de Oliveira. - 1. ed. - Curitiba: Appris, 2025.
126 p. : il. ; 21 cm. (Coleção Educação, Tecnologias e Transdisciplinaridade)

Inclui referências.
ISBN 978-65-250-8165-6

1. Educação infantil. 2. Bebês. 3. Raça. I. Oliveira, Fabiana de. II. Título.

CDD - 370.111

Livro de acordo com a normalização técnica da ABNT

Editora e Livraria Appris Ltda.
Av. Manoel Ribas, 2265 - Mercês
Curitiba/PR - CEP: 80810-002
Tel. (41) 3156 - 4731
www.editoraappris.com.br

Printed in Brazil
Impresso no Brasil

Fabiana de Oliveira

PAPARICAÇÃO

O QUE AS PRÁTICAS EDUCATIVAS PRODUZEM E REVELAM SOBRE RAÇA NA CRECHE?

Appris editora

Curitiba, PR

2025

Obra comemorativa aos 20 anos da pesquisa denominada

Um estudo sobre a creche: o que as práticas educativas produzem e revelam sobre a questão racial?

Fabiana de Oliveira

É um grande dom escrever livros que têm o objetivo de descolonizar.

(bell hooks)

Aos meus pais, que carrego no meu coração e que lutaram para que eu pudesse me tornar a mulher que sou hoje.

AGRADECIMENTOS

Agradeço às minhas irmãs a presença, a amizade e toda a ajuda que sempre me dispensaram. Vocês impulsionaram o meu crescimento e, por isso, esta publicação foi possível.

PREFÁCIO

AFINAL, O QUE ACONTECE NAS CRECHES EM RELAÇÃO AOS BEBÊS NEGROS?

Este livro de Fabiana de Oliveira, *Paparicação: o que as práticas educativas produzem e revelam sobre raça na creche?*, pode ser considerado uma obra inaugural de um campo de estudos que se prolongou e se ramificou por toda a contemporaneidade. Creches e a questão racial é um tema inovador, original e indispensável na luta por uma educação antirracista logo nas primeiras iniciações sociais. Realizada no interior de uma creche, esta pesquisa, que narra acontecimentos educacionais cotidianos, é imprescindível para todos(as) que pretendem pesquisar no campo da Educação das crianças pequenas. Podemos dizer que foi um dos primeiros trabalhos a se debruçar sobre as creches para perguntar: afinal, o que acontece nas creches em relação aos bebês negros?

A Lei 10.639/2003, que instituiu a necessária mudança das relações étnico-raciais, completaria um ano e Fabiana foi ver em lócus o que acontecia na educação infantil em relação ao tratamento racial no berçário. Iniciar uma pesquisa dessa magnitude como mulher negra foi uma árdua tarefa. Pois, de alguma maneira, Fabiana não só analisou as práticas educativas que ocorriam em uma creche da cidade de São Paulo, mas (re)visitava sua própria infância. Muitas vezes se emocionou com o que viu, com as práticas explícitas de racismo descritas etnograficamente nesta obra; afetou-se e revisitou suas lembranças de infâncias, que são suas e também de muitas mulheres negras. É um estudo de caso minucioso, em que a pesquisadora permaneceu ali várias horas por dia durante um ano; um trabalho micropolítico de grande magnitude, que ao mesmo tempo ressoou na macropolítica, e não há possibilidade de estudar creches no Brasil sem que leiamos com atenção esta pesquisa.

Apesar de as cenas contadas retratarem casos explícitos de racismo, a obra ultrapassa sentimentos de lamentação ou ressentimento. A maneira pela qual as crianças se relacionam, e também a forma pela qual a pesquisadora lida analiticamente com os acontecimentos, é um brado de resistência, de berros e urros contra as discriminações, e lança todos os acontecimentos para um terreno onde pode ser possível nascer e jorrar outras infâncias, para um outro mundo possível, e principalmente para uma nova imaginação educacional. Este trabalho teve essa função política de, ao retratar uma realidade, jorrar tanta visibilidade sobre o racismo que passa a ser impossível fazer educação com crianças pequenas sem que as profissionais fiquem em alerta contra as discriminações.

Há cenas memoráveis descritas nesta obra, do menino negro que quer brincar com a bolsa rosa, ou do menino branco que quer brincar com a boneca; cenas que ao mesmo tempo mostram a capacidade de experimentação das crianças, de (re)invenção de novos possíveis, e a intervenção atormentada e dura da professora que quer fazer cumprir normatividades e moralidades instituídas. As crianças rompem todo o tempo com isto; com a arma poderosa do brincar e da inventividade, produzem uma ética de viver, que se opõe à moral cujas práticas educativas pretendem subjetivá-las, práticas essas que trazem linhas racistas, machistas, patriarcais etc., a que as professoras também, às vezes, procuram se opor.

Muitas das vezes, ficamos impactados(as) com suas descrições precisas e quase invisíveis de um cotidiano no berçário cujas relações estabelecidas entre os adultos e os bebês contêm micropolíticas de violência, de racismo e de preferências por bebês mais próximos de um modelo hegemônico que paira como um fantasma no imaginário educacional. Mas este trabalho produz uma envergadura sensível e fundamental. Se o trabalho, ao visibilizar práticas discriminatórias, nos levaria a pensar que as crianças de alguma maneira sucumbiram a tais processos de assujeitamento e subjetivação, Fabiana faz uma torção. Em suas palavras:

> Essas crianças que de alguma maneira não estavam entre os "preferidos", e que consequentemente estavam fora da prática da "paparicação", tinham a capacidade de escapar ao controle produzido pelo âmbito relacional e se transformar em outra coisa diferente do modelo hegemonizante [...]. (Oliveira, 2004, p. 78).

Ou seja, as crianças que estão fora desse modelo que as professoras reatualizam escapam, de certa maneira, ou podem escapar desta espécie de abraço de urso, que acolhe e mata, por ser um abraço racializante e (re)produtor das hierarquias de cor.

Este livro, portanto, é indispensável para todos(as) que pretendem se juntar à luta por uma educação antirracista; visibiliza e junta-se às forças que rompem com as placas tectônicas raciais que compõem o tecido social da escola e mostra a maneira pela qual a educação pode contribuir para a afirmação da vida em todas as dimensões, produzindo novos possíveis na direção de uma nova relação étnico-racial. Este trabalho, de alguma maneira, se junta ao de bell hooks (2021), mostrando a dimensão política do amor com base em uma nova "ética amorosa", na direção da construção de uma sociedade fundada na justiça social, no bem comum e na solidariedade. Mostrando cabalmente que todas as vidas importam!

Anete Abramowicz

Possui graduação em Ciências Sociais pela Universidade de São Paulo (1979), mestrado em Educação: História, Política, Sociedade pela Pontifícia Universidade Católica de São Paulo (1992) e doutorado em Educação pela Universidade Estadual de Campinas (1998). Em 2010, concluiu um estágio de pós-doutoramento de 13 meses no Centre de Recherche Sur Les Liens Sociaux (CERLIS), na Universidade Paris Descartes, em Paris, na área da Sociologia da Infância. Atualmente, é professora titular da Faculdade de Educação da Universidade de São Paulo. Em 2010, recebeu a bolsa produtividade. É professora titular aposentada da Universidade Federal de São Carlos. Representante da área da Educação no CNPq para os anos de 2024 a 2027.

Referências

hooks, b. **Tudo sobre o amor**: novas perspectivas. Tradução de Stephanie Borges. São Paulo: Elefante, 2021.

OLIVEIRA, F. **Um estudo sobre a creche**: o que as práticas educativas produzem e revelam sobre a questão racial? 2004. 110 f. Dissertação (Mestrado em Educação) – Universidade Federal de São Carlos (UFSCar), São Carlos, 2004.

APRESENTAÇÃO

Apesar de nos últimos anos termos vivido uma abertura para o debate relacionado à raça no Brasil, ocasionando mudanças consideráveis no debate contemporâneo no cenário político, com reverberação no espaço educacional, a discriminação ainda é uma constante na nossa realidade, o que dificulta a concretização de uma sociedade mais igualitária, justa, diferente e não discriminatória, reverberando na educação, que também se mostra desigual quando pensamos na situação das crianças pequenas, principalmente as negras.

As crianças compõem um grupo, uma população, que é tratado de forma subalternizada, ocupando uma posição marginal, enquanto uma categoria geracional que se define por sua idade. Justamente é esse fator que define a separação entre adultos e crianças na sociedade, que também caracteriza esse período da vida denominado infância e que constitui relações de dominação do primeiro grupo em relação ao segundo grupo.

Associado à idade, no caso das crianças negras, há ainda a implicação do fator racial. Como vivemos em uma sociedade que historicamente excluiu os negros e sempre os colocou em posições subalternas e na pobreza, as crianças negras já nascem em um contexto bastante difícil para sua sobrevivência. Então, desde o tempo da escravatura no Brasil, que data do século XVI, até os tempos atuais, ainda não podemos deixar de denunciar o racismo vigente em nossa sociedade.

A obra retrata um estudo pioneiro no Brasil realizado na área da educação infantil, especificamente na creche, envolvendo a análise de práticas educativas e o tratamento racial dos bebês negros na faixa etária entre 0 e 1 ano e 6 meses, abarcando também as crianças bem pequenas, de 2 e 3 anos de idade. Desta forma se deu a realização da pesquisa, que, em 2024, completou 20 anos.

Assim, a pesquisa buscou compreender as práticas educativas presentes na creche, com ênfase nos bebês negros, verificando as maneiras pelas quais essas práticas produziam e revelavam a questão racial. Esta aparecia nas práticas educativas na creche em situações que demonstravam um carinho diferenciado, que optamos por chamar de *paparicação*, por parte das professoras em relação a determinados bebês. Entre estes, na maior parte do tempo, os negros estavam excluídos dessa prática.

Os bebês desde bem pequenos passam por processos de subjetivação que os levam a concepções já muito arraigadas no nosso imaginário social sobre o branco e o negro, e consequentemente sobre as positividades e negatividades atribuídas a um e outro grupo racial. Apesar das práticas ostensivas de diferenciação, principalmente de caráter racial e estético, as professoras diziam trabalhar como se não houvesse diferença ("Todos são iguais"), ou seja, havia um apagamento/apaziguamento das diferenças baseado no discurso da igualdade, ainda presente como um resíduo da democracia racial, e também no entendimento de que a diferença significaria desigualdade.

A relevância para o desenvolvimento da pesquisa se pautou na exiguidade de trabalhos envolvendo a creche e as relações raciais, além de se constituir em mais um subsídio para o questionamento das relações raciais no Brasil desde a educação infantil, visando ao enfrentamento de práticas pedagógicas de homogeneidade e racismo.

O livro está organizado em quatro capítulos que se complementam: no primeiro, denominado "Infância e raça", apresento uma discussão apoiada em referências teóricas que adoto no meu trabalho com autores do campo dos Estudos Sociais da Infância e dos Estudos Raciais. No segundo, cujo título é "A pesquisa sobre os bebês negros", eu trago informações sobre o modo como a pesquisa foi realizada, bem como dados do contexto pesquisado. No terceiro, intitulado "Culturas infantis e o brincar: intersecções baseadas em gênero e raça", disponho dados da minha pesquisa sobre os brinquedos disponíveis aos bebês, o brincar entre os bebês e os materiais e entre os bebês e as adultas, e há também uma reflexão teórica sobre os artefatos culturais produzidos para a infância e a importância de estes serem pensados com base no viés racial.

O quarto, que chamei de "As práticas educativas e a questão racial na creche: reflexões sobre os bebês negros com base no conceito de paparicação", é o capítulo no qual trago os dados referentes ao que encontrei na pesquisa envolvendo as práticas educativas e a questão racial. Para fechar, temos as considerações finais, que denominei de "O direito dos bebês negros a uma educação infantil que respeite as diferenças", e aqui as pessoas encontrarão uma reflexão envolvendo o campo dos direitos das crianças e especificamente o direito de ter uma educação desde a sua tenra infância que considere as diferenças. Neste sentido, respeitar o direito dos bebês negros à educação infantil, à creche, passa pela garantia da oferta de vagas, mas também diz respeito à proteção, ao zelo, à segurança, ao cuidado com seu corpo, ao consolo; diz respeito a respeitar suas singularidades, suas necessidades, sua cultura, a cultura do seu povo, no processo de construção de uma educação antirracista e decolonial desde os bebês na creche.

Assim, é uma obra atenta e engajada a temas que se intersecionam na educação dos bebês, envolvendo raça, idade e gênero, os quais que se configuram como marcadores sociais de diferença e que se fazem presentes nas práticas educativas cotidianas da creche pesquisada. Por possuir um conteúdo marcante e também uma linguagem dinâmica, a obra se torna uma fonte atrativa de conhecimentos para professores(as) e pesquisadores(as) do campo dos Estudos da Infância e dos Estudos Raciais.

Convido a todos e todas para estarem comigo nesta leitura.

A autora

SUMÁRIO

INTRODUÇÃO

Apesar de as crianças terem sido alvo de inúmeras pesquisas e o interesse sobre elas ter aumentado, também têm crescido as desigualdades vividas por elas no nosso país. As desigualdades de gênero e de raça possuem suas especificidades, mas intersectadas por um terceiro aspecto — a pobreza —, gerando maior vulnerabilidade. As crianças acabam sendo as maiores vítimas das condições de exclusão.

As crianças compõem um grupo, uma população, que é tratado de forma subalternizada, ocupando uma posição marginal enquanto uma categoria geracional que se define por sua idade. Justamente é esse fator que ocasiona a separação entre adultos e crianças na sociedade, que também caracteriza esse período da vida denominado infância e que constitui relações de dominação do primeiro grupo em relação ao segundo.

Nesse sentido, de acordo com Sarmento (2009, p. 18),

> A existência de um grupo que é socialmente subalterno devido a sua condição etária é, por consequência, essencial à definição da infância. Existe infância na medida em que, historicamente a categoria etária foi constituída como diferença e que essa diferença é geradora de desigualdade.

Ao tratarmos da questão etária, não é possível desconsiderar o adultocentrismo, que vigora há séculos nas formas de relação entre adultos e crianças. Essa relação se dá verticalmente, pois o que prevalece é a perspectiva adulta sobre a infância. Nessa lógica, a infância ocupa a posição de *in-fans*, ou seja, daquele que não fala, que não tem voz, gerando formas de colonização da infância. Assim,

> O poder de controle dos adultos sobre as crianças está reconhecido e legitimado, não sendo verdadeiro o inverso, o que coloca a infância independentemente do contexto social ou da conjuntura

> histórica numa posição subalterna face à geração adulta. (Sarmento, 2009, p. 20).

Associado à questão etária, no caso das crianças negras há ainda a implicação do fator racial. Como vivemos em uma sociedade que historicamente excluiu os negros e sempre os colocou em posições subalternas e na pobreza, as crianças negras já nascem em um contexto bastante difícil para sua sobrevivência. Então, desde o tempo da escravatura no Brasil, que data do século XVI, até os tempos atuais, ainda não podemos deixar de denunciar o racismo vigente em nossa sociedade.

A própria história da infância reflete uma discriminação quando consideramos as crianças negras. Nessa história, as crianças são apresentadas como seres desprovidos de "fala"; nesse sentido, são sempre os adultos que dizem sobre elas. No entanto, dessa história contada, falou-se desde o princípio de uma criança genérica, universal, branca e europeia; sendo assim, a criança negra foi discriminada e excluída, pela sua idade, pela sua condição social e pela sua raça/etnia.

Historicamente as políticas de assistência às crianças envolveram dois elementos centrais: a pobreza e a consideração dos desvalidos como perigosos. De acordo com Sanglard e Gil, a assistência separava o "bom pobre" do "mau pobre", sendo este último tachado de mau por não ser um sujeito trabalhador; então, visto como preguiçoso e associado à marginalidade. Assim, "pobreza, assistência, caridade e filantropia estiveram sempre interligadas, e esta ligação faz-se ainda mais forte quando vinculada à infância" (Sanglard; Gil, 2014, p. 65).

É nesse lugar que se encontram as crianças negras, pois socialmente sempre foram vistas como um problema e, consequentemente, como um risco social. Isso nos mostra uma visão preconceituosa do pobre e nos leva a considerar as crianças por uma perspectiva dicotômica, com base em Donzelot (1980): de um lado as crianças em perigo (que precisam ter seus direitos garantidos, que necessitam de proteção e cuidados etc.), de outro as crianças perigosas (a ideia do "menor" delinquente). Essa visão ainda prevalece, e podemos dizer que a criança negra, enquanto um risco social, vive e/ou sobrevive em uma sociedade também de risco, o que agrava a sua situação, já bastante difícil.

O aumento das desigualdades sociais gera uma vida mais sofrida para as crianças que são as mais afetadas pela pobreza e também produz uma infância de risco, sendo resultante das estruturas sociais, econômicas e do próprio racismo estrutural, que o favorece e o promove. Crianças negras que vivem da exclusão, consumidas pela pobreza, têm de trabalhar desde cedo e muitas vezes até de se prostituir — ou, melhor, são prostituídas, pois são exploradas, literalmente consumidas, pelos efeitos da globalização, sendo seus produtos marginais.

Assim, o racismo se mantém fortemente, pois é estrutural e impõe condições precárias e de grandes desigualdades às famílias negras e, consequentemente, às crianças que compõem esse grupo etário e racial mais afetado pela pobreza, gerando implicações até mesmo para a manutenção da sua própria vida, que permanece em risco permanente.

Neste sentido, apesar de nos últimos anos termos vivido uma abertura para o debate das questões relacionadas à raça no Brasil, ocasionando mudanças consideráveis no debate contemporâneo sobre a questão racial no cenário político com reverberação no espaço educacional, a discriminação relacionada à questão racial ainda é uma constante na nossa realidade, o que dificulta a concretização de uma sociedade mais igualitária, justa, diferente e não discriminatória, reverberando na educação, que também se mostra desigual quando pensamos na situação das crianças pequenas, principalmente as negras.

A pesquisa apresentada nesta obra foi intitulada "Um estudo sobre a creche: o que as práticas educativas produzem e revelam sobre a questão racial?", de Fabiana de Oliveira, sob a orientação de Anete Abramowicz. Tal pesquisa ampliou o campo de pesquisas na educação infantil e dos estudos das relações raciais ao trazer a creche como um espaço de pesquisa e com essa população infantil específica: os bebês negros na faixa etária de 0 a 1 ano e 6 meses, abarcando também crianças bem pequenas, de 2 e 3 anos de idade.

As pesquisas até então realizadas na área das relações étnico-raciais encontravam-se no campo da pré-escola, ou seja, pesquisas envolvendo crianças de 4 a 6 anos (antes da alteração da legislação). A partir dessas pesquisas, foi possível compreender que as crianças, aos 4 anos de idade, já passaram por processos de subjetivação que as levaram a concepções arraigadas no nosso imaginário social sobre o que é ser branco(a) e negro(a) e consequentemente sobre as positividades e negatividades atribuídas a um e a outro grupo racial. Isso pode ser favorecido pela instituição baseada em concepções e valores das profissionais envolvidas com estas crianças e, também, é claro, na mídia e em todas as outras tecnologias de representação e construção de imagens que atuam de forma incisiva na veiculação de imagens e ideias que acabam fortalecendo, hegemonizando o grupo racial dos brancos e estigmatizando negativamente o grupo racial dos negros.

Tendo isso em conta, Oliveira (2004) se colocou a seguinte questão de pesquisa para sua dissertação: *quais processos são vivenciados pelas crianças de 0 a 3 anos para que aos 4 anos já apresentem tal concepção a respeito dos grupos raciais?* Desta forma se deu a realização da pesquisa, que, no ano de 2024, completou 20 anos. Por meio da análise da rotina, verificou-se que a questão racial era um elemento que também se fazia presente nas práticas educativas cotidianas, em situações que demonstravam uma determinada relação corporal, aparentemente afetiva, entre professoras e crianças, que optamos por chamar de "paparicação", por parte das professoras em relação a determinadas crianças. Tomamos emprestado do historiador Philippe Ariès o conceito de paparicação.

Assim, as crianças negras, em seu processo de socialização, estão tendo diversas possibilidades para internalizar uma concepção negativa de seu pertencimento racial, favorecendo a constituição de uma autoimagem depreciativa. Os bebês desde bem pequenos passam por processos de subjetivação que os levam a concepções já tão arraigadas no nosso imaginário social sobre o branco e o negro e consequentemente sobre as positividades e negatividades atribuídas a um e outro grupo racial.

Neste sentido, as culturas das crianças são desconsideradas nessas instituições que as acolhem, não dando significado a sua forma de compreensão do mundo, ao seu contexto, a sua religião, a sua raça/etnia, ao seu gênero. A cultura que constitui as instituições escolares permanece fechada às diferenças, no entanto faz-se urgente repensar esse modelo de socialização que exclui os sujeitos em nome de uma suposta civilidade e universalização que gera uma "inclusão excludente" das crianças que estão fora dos ditos padrões estabelecidos.

A resposta ao modelo impositivo de socialização já apresentado anteriormente, que vem sendo questionado, nos tem possibilitado compreender o processo de socialização segundo um outro modelo denominado de "interativo", pois passa a considerar a criança como um sujeito que também age, experimenta, negocia e cria culturas, a partir dos fatores de homogeneidade e de heterogeneidade que compõem o grupo geracional que liga às crianças aos seus contextos sociais/culturais e que é marcada pelas diferenças de gênero, classe, etnia etc.

Isso nos leva a refletir sobre a premência de discutir a questão racial na formação de professores, pois esta se apresenta hoje como uma obrigatoriedade, a partir da Lei 10.639/2003, que inseriu o ensino da temática de história e cultura afro-brasileira e africana, e também das Diretrizes Curriculares Nacionais para a Educação das Relações Étnico-Raciais e o Ensino de História e Cultura Afro-Brasileira e Africana aprovadas no ano de 2004.

Ainda é uma realidade em nosso país encontrarmos profissionais que atuam na educação infantil sem a formação inicial exigida, e também não podemos esquecer o pouco investimento em cursos para aquelas que já estão atuando para que realmente tenhamos uma educação infantil de qualidade, que é um direito de todas as crianças.

Kishimoto (2005), uma das primeiras pesquisadoras que refletiram acerca da formação das professoras da educação infantil, nos apresenta que os cursos de formação possuem pouca clareza do perfil profissional desejado, gerando, até mesmo, uma formação que não respeita as especificidades da educação infantil, pois as práticas adotadas nos cursos não possuem diferenciação para formar profissionais para atuarem na educação infantil e no ensino fundamental. Prática esta encontrada desde as escolas normais e que necessita ser revista.

Ainda segundo Kishimoto (2008), uma das críticas mais contundentes contra a formação profissional nas universidades tem a ver com a sua natureza disciplinar. E essa organização disciplinar conduz os futuros professores a organizarem o ensino dessa forma, o que acarreta efeitos muitos negativos para a organização do currículo na educação infantil, pois a criança pequena aprende de forma contextualizada, observando, quando brinca, interagindo com o ambiente que a cerca, e não de forma fragmentada.

Nesse sentido, de acordo com Formosinho (2008), o processo de "universitarização" de formação de professores se caracterizou como um processo de "academicização", transformando a formação dessas professoras numa formação teórica e afastada das preocupações pragmáticas, isto é, aos componentes profissionalizantes. A docência, segundo o autor, implica ao mesmo tempo um desempenho intelectual e técnico. Formosinho (2008, p. 174) conceitua academicização como "o processo de construção de uma lógica predominantemente acadêmica numa instituição que também deve se preocupar com a formação profissional".

Há também o distanciamento com as práticas pedagógicas decorrente de uma tradição disciplinar-verbalista, não considerando a prática enquanto eixo da formação enquanto momento articulador da teoria e da prática na formação de um profissional crítico-reflexivo e pesquisador da sua prática e da realidade em que irá atuar (Formosinho, 2008; Kishimoto, 2005).

Outro problema é que a universidade, com seus cursos de formação de professores, ainda se encontra presa a um modelo estrutural configurado por um arquétipo de políticas públicas e de formação excludente de entender e pensar as diferenças. Questionar essa estrutura e esse modelo de política constitui-se numa luta que se iniciou recentemente com a aprovação da referida lei, mas que exige, diante da urgência das disparidades no sistema educacional brasileiro entre negros e brancos, uma ação efetiva, especificamente na organização dos currículos, que devem considerar os seus alunos enquanto futuros professores, e os conhecimentos e habilidades necessárias para lidar com essa questão, bem como os cursos oferecidos de formação continuada que poderão contribuir para a reflexão dos professores nas suas práticas cotidianas.

É algo ainda novo, que requer estratégias novas envolvendo uma mudança de paradigma, um saber específico sobre a questão racial, pois é importante para os profissionais que atuarão ou já atuam na escola, para que estes tenham clareza de suas atuações, questionem suas práticas pedagógicas cotidianas, muitas vezes atreladas ao senso comum, reforçam situações de racismo, que tanto interferem na constituição de uma autoestima positiva das crianças negras, de seu pertencimento étnico e da construção de uma sociedade mais plural e democrática.

Esse é um dos desafios colocados aos nossos professores, que precisam partir de um questionamento permanente das relações estabelecidas com os alunos e entre os próprios alunos baseados em atitudes preconceituosas por meio de atitudes veladas ou explícitas que expressem sentimentos de superioridade de um grupo sobre o outro, e também de um questionamento de suas práticas, até mesmo no que diz respeito à utilização do livro didático e de literatura infantojuvenil, que requer uma postura crítica, pois estes podem conter estereótipos em relação aos negros e interferem na construção de uma autoestima positiva das crianças negras.

No entanto, isso passa pela revisão dos valores e padrões considerados aceitáveis pela instituição escolar, padrões esses que geralmente, como apontam as pesquisas, os alunos negros não conseguem atingir, ocasionado por mecanismos intraescolares.

As pesquisas sugerem, como ferramenta de combate ao racismo, que tal questão não continue sendo ocultada na instituição escolar, devendo possibilitar um espaço permanente para discussão e reflexão de posturas racistas e preconceituosas, visando à superação de estereótipos, estigmas e discriminações contra os negros, tão presentes no ambiente escolar.

Os cursos de formação de professores que visam a formação de sujeitos que atuarão como intelectuais na escola possuem, assim, um papel muito importante na objetivação dessa problematização no cotidiano escolar, pois busca-se com a Lei 10.639 uma alteração do sentido e na concepção de escola vigente.

Admitir que temos um olhar carregado de preconceitos e nos dispormos a discuti-lo parece ser um bom começo. É no âmbito desse quadro que entendemos que os cursos de formação de professores devem interferir naquilo que o professor concebe como raça e diferença. Questionar esse modelo de pensamento, construir novas práticas e também teorias que mudam os axiomas e paradigmas presentes no ideário da sociedade brasileira, buscando a especificidade da educação e do professor nesse processo, é o que pretendemos apontar neste livro como ponto de partida para a discussão necessária envolvendo a questão racial e o campo da formação de professores.

A formação específica do profissional da educação infantil deve dar abertura à pluralidade de saberes que envolve a docência na educação infantil, a partir das questões de subjetividade, construção da autonomia, diversidade cultural, de gênero, classe social e raça/etnia, pois estas são constituidoras do ambiente da educação infantil e devem ser consideradas no entendimento de uma criança concreta/real, e não universal/abstrata.

Os momentos de observação e participação nas práticas cotidianas da educação infantil poderão possibilitar à futura profissional um maior conhecimento acerca das crianças, do seu modo de brincar, das suas teorias, dos seus desenhos. Esses dados são relevantes, pois, com base nisso, a criança está nos apresentando uma gama variada de elementos para buscarmos entender o que estão compreendendo sobre o mundo adulto e, especificamente, sobre a questão étnico-racial.

Neste sentido, esta obra busca contribuir para um conhecimento sobre os bebês atrelado a uma reflexão sobre a questão racial e que poderá trazer elementos reflexivos para o campo da formação de professores.

1

INFÂNCIA E RAÇA

Historicamente, as crianças têm sido vistas como "*infans*", ou seja, aquele que não fala. Sendo assim, são os adultos, segundo uma perspectiva cunhada por Fúlvia Rosemberg como "adultocêntrica", que temos pesquisado as crianças, que temos construído políticas públicas e que temos consolidado práticas educativas em instituições que atendem crianças de 0 a 5 anos.

Essa perspectiva adultocêntrica retira das crianças, principalmente dos bebês, a possibilidade de serem seres plenos, de direito, sujeitos sociais com direito à voz. Nesse sentido, de acordo com Tebet e Abramowicz (2018, p. 925),

> [...] a dificuldade dos pesquisadores para compreender os bebês e a necessidade de um olhar específico e metodologias específicas para diagramá-los talvez seja um dos principais motivos de terem os bebês permanecido por tanto tempo longe do interesse dos estudiosos da infância.

Se vivemos com a não consideração da voz das crianças, como dar atenção e visibilidade a voz e o direito dos bebês? E os bebês negros que vivem processos múltiplos de exclusão, por sua idade, cor da pele, condição social etc.? Não estamos entendendo esses processos múltiplos de exclusão pelo prisma associativo dessas diferentes formas, pois concordamos com Rosemberg (1996, p. 59) nisto:

> [...] esse modelo associativo não dá conta da complexidade e das contradições observadas nas instituições educacionais onde as dinâmicas de gênero, raça e classe não são redutíveis umas às outras, evidenciando ao contrário um movimento não sincrônico.

Rosemberg (1996), baseada em Emily Hicks (1981), utiliza o conceito de "não sincronia", pois possibilitaria compreender melhor o jogo das contradições, tensões e conflitos presentes nos espaços educativos e fora deles, a partir das hierarquias de gênero, raça e classe.

Nesse sentido, perguntamos: *e a infância das crianças negras?* A partir desta discussão, apresentamos as contribuições do historiador Ariès (1981), pois este buscou retratar as modificações na concepção de infância — nesta, a criança passou de um adulto em miniatura para ter considerada sua particularidade infantil. No entanto, devemos levar em conta que o historiador está situado em contexto europeu/francês e trata especificamente das crianças brancas, ou seja, é uma "descoberta" da infância branca que acabou se generalizando.

Contudo, para fazermos esta nossa reflexão, é importante situarmos a produção de dois conceitos considerados categorias-chave para entendermos o modo de construção da concepção de criança negra valendo-se das ideias de racialização e normalização (normatividade). Para isso, utilizaremos principalmente as contribuições de Aníbal Quijano para pensarmos essa questão da racialização, e de Michel Foucault para pensarmos nessa produção da anormalidade.

Quijano (2019) mostra-nos como a América (e isto nos incluiu) se tornou o primeiro "espaço/tempo" constituinte do que se cunhou denominar de modernidade pelos europeus, a partir de dois processos recíprocos: a ideia de raça como um elemento de dominação e o controle do trabalho, dos seus recursos e produtos em torno do capital e do mercado mundial (tendo a Europa como sua sede central), e isso só pode se justificar pela colonialidade do poder que leva à colonialidade do ser. A ideia de raça foi o fundamento para a justificativa da dominação e transformação de um povo em objeto, em escravo.

Assim,

> [...] raça e divisão do trabalho foram estruturalmente associados e reforçados mutuamente [...] A distribuição racista do trabalho no interior do capitalismo colonial/moderno manteve-se ao longo de todo o período colonial (Quijano, 2005, p. 118-119).

Algo que identificamos ainda hoje quando pensamos no lugar ocupado pela maioria dos negros (pretos e pardos) na nossa sociedade brasileira. Essa estratificação/classificação segundo a ideia de raça só foi possível a partir da produção da branquitude, tornando os brancos a raça dominante, pois

> [...] a associação entre ambos os fenômenos, o etnocentrismo colonial e a classificação racial universal, ajudam a explicar por que os europeus foram levados a sentir-se não só superiores a todos os demais povos do mundo, mas, além disso, naturalmente superiores. (Quijano, 2005, p. 121).

Essa dominação ocorreu em vários âmbitos, tem em vista o importante papel exercido ainda pelo eurocentrismo, enquanto matriz universal, com a hegemonia sobre "o controle da subjetividade, da cultura, e em especial do conhecimento, da produção do conhecimento" (Quijano, 2005, p. 121). Os "outros" vistos enquanto primitivos/não civilizados foram construídos a partir desta perspectiva eurocêntrica e, consequentemente, silenciados. Neste sentido, Grada Kilomba (2019) nos coloca algumas questões importantes: quem sabe? Quem pode saber? Saber o quê? E o saber de quem?

Apesar de os debates a respeito da modernidade incluírem a discussão acerca do racismo, segundo Gilroy (2001), a cultura expressiva da diáspora africana e a prática da escravidão racial são constantemente esquecidas. Diante disso, o autor propõe "uma reavaliação da relação entre modernidade e escravidão a partir de uma revisão das condições nas quais os debates sobre a modernidade têm sido elaborados" (Gilroy, 2001, p. 109), já que a escravidão e o sistema de plantation são vistos como antiguidade e sistemas pré-capitalistas de produção e dominação. Mas não o são, pois são sistemas modernos e de desenvolvimento do capitalismo no mercado mundial.

Essa reconceitualização implica considerar a escravidão racial como parte interna da modernidade, e vendo a experiência escrava enquanto algo que marcou os negros como o primeiro povo realmente moderno, pois, para ele, a vida moderna começa com a escravidão, como uma tentativa de repensar a modernidade por meio da história do Atlântico negro e da diáspora africana (Gilroy, 2001, p. 61).

Contribuindo com esta reflexão, Maldonado-Torres (2020) nos mostra a importância de olharmos para o tempo por uma perspectiva mais longa, pois, caso contrário, poderá ocorrer o que Gilroy (2001) nos sinalizou: de considerarmos a escravidão e a colonização como algo do passado. Mas, definitivamente, não! Então, Maldonado-Torres (2020, p. 27-28) nos diz que "os grupos colonizados experimentam parte da história não como um passado, mas como um presente vivo".

Neste sentido, Maldonado-Torres (2020, p. 35-36) nos traz os conceitos de colonialismo moderno e colonialidade, sendo respectivamente compreendidos como: o primeiro, "modos específicos pelos quais os impérios ocidentais colonizaram a maior parte do mundo desde a 'descoberta'"; o segundo, "uma lógica global de desumanização que é capaz de existir até mesmo na ausência de colônias formais". Assim, não nos é permitido esquecer os efeitos e os resquícios ainda vividos pela prática da escravidão e a colonialidade. Entretanto, é no conceito de colonialidade do ser que nossa reflexão se ancora para pensarmos na produção da concepção de criança negra, na produção de uma subjetividade ausente, na negação da sua humanidade, na invenção do "outro".

Catherine Walsh traz a contribuição de Fanon relacionando o colonialismo e a produção da não existência para determinados grupos, pois,

> [...] em virtude de ser uma negação sistemática da outra pessoa e uma determinação furiosa para negar ao outro todos os atributos de humanidade, o colonialismo obriga as pessoas que ele domina a perguntar-se: em realidade quem eu sou? (Fanon, 1999 *apud* Walsh, 2006, p. 22).

No contexto das relações de poder na constituição dos campos das ciências humanas e da natureza, podemos compreender o modo como essas ciências contribuíram para a construção do outro subalternizado, inclusive da justificação do próprio colonialismo tendo a Europa como o padrão (Castro-Gomez, 2005; Mignolo, 2003. Neste sentido, Foucault (2005) nos trará elementos para pensarmos a formação dessa sociedade normalizadora ou disciplinar.

Foucault (2002b) situou as sociedades disciplinares nos séculos XVIII e XIX, atingindo seu apogeu no início do século XX. Porém, as disciplinas passaram por uma crise, após a Segunda Guerra Mundial, dando passagem às sociedades de controle (Deleuze, 1992).

A formação da sociedade disciplinar pode ser caracterizada, segundo Foucault (2002b, p. 81), pelo aparecimento de um fato: a reforma (a reorganização do sistema judiciário e penal nos diferentes países da Europa e do mundo). A partir disso, a infração (o crime) passou a não ter nenhuma relação com a falta moral ou religiosa, mas transformou-se em uma ruptura com a lei estabelecida no interior de uma sociedade pelo lado legislativo do poder político. Assim, "o crime não é algo aparentado com o pecado e com a falta; é algo que danifica a sociedade; é um dano social, uma perturbação, um incômodo para toda a sociedade [...] é o inimigo social" (Foucault, 2002b, p. 81).

E, a partir disso,

> [...] a penalidade no século XIX, de maneira cada vez mais insistente tem em vista menos a defesa geral da sociedade que o controle e a reforma psicológica e moral das atitudes e do comportamento dos indivíduos (Foucault, 2002a, p. 86).

Toda a penalidade do século XIX passa a ser um controle sobre o que os indivíduos podem fazer, ou do que estão na iminência de fazer.

Assim, de acordo com Foucault (2002a, p. 86),

> [...] é assim que no século XIX, desenvolve-se em torno da instituição judiciária uma gigantesca série de instituições que vão enquadrar os indivíduos ao longo de sua existência; instituições pedagógicas como a escola, psicológicas ou psiquiátricas como o hospital, o asilo, a polícia, etc [...] com a função não mais de punir as infrações dos indivíduos, mas de corrigir suas virtualidades.

Essa forma de penalidade não pertence ao universo do Direito, é uma ideia nascida paralelamente à justiça, pois é uma prática dos controles sociais (Foucault, 2002a, p. 99).

Diante disso,

> [...] é preciso estudar o poder fora do modelo do Leviatã, fora do campo delimitado pela soberania jurídica e pela instituição do Estado; trata-se de analisá-lo a partir das técnicas e táticas de dominação (Foucault, 2005, p. 40).

Assim, de acordo com Foucault (2005), as técnicas da disciplina invadiram o direito e os procedimentos de normalização colonizaram cada vez mais os procedimentos da lei e configuraram o que o filósofo denominou de sociedade disciplinar ou normalizadora. Com a sociedade disciplinar, descobre-se o corpo como objeto e alvo de poder, e esse poder é produtivo: ele produz subjetividades; produz corpos, pois manipula-se, modela-se, treina-se, controla-se.

Segundo Foucault (2002b, p. 117), na segunda metade do século XVIII "o soldado tornou-se algo que se fabrica: de uma massa informe, de um corpo inapto, fez-se a máquina de que se precisa". Uma trama de subjetivação, que lhe confere um dado lugar, uma subjetividade e práticas que a governam e que produzirão a criança "normal", sadia, educada, "brincante", cuidada no seio de uma família que lhe assegure um ambiente de afeto e com segurança moral e material; e a criança "anormal" (em conflito com a lei; a criança-risco; ou delinquente).

Ao mesmo tempo que o dispositivo separa as crianças por meio da norma entre normais e anormais, ele as une, ele as homogeneiza enquanto capital humano do presente, como um grupo que consome (ou seja, enquanto consumidoras), e também enquanto acumulação do capital (o adulto produtivo), em que não importa a cor, o sexo, a nacionalidade, pois, segundo Foucault (2002b, p. 154),

> [...] o poder de regulamentação obriga à homogeneidade; mas individualiza, permitindo medir os desvios, determinar os níveis, fixar as especificidades e tornar úteis as diferenças ajustando-as umas às outras.

Neste sentido, a reflexão apresentada busca trazer elementos para se pensar as crianças e as infâncias segundo outras lógicas por meio da contribuição da Sociologia da Infância e da interseccionalidade.

Pelo enfoque dos Estudos Sociais da Infância, especificamente da Sociologia da Infância, estamos compreendendo que as questões de idade e raça são preponderantes ao incidir sobre o modo como as crianças vivem suas respectivas infâncias e sobre como suas identidades são forjadas. Nesse sentido, defendemos um posicionamento que se pauta nas diversidades de contextos em que vivem as crianças, ao contrário da proposição de Qvortrup (2009), que considera a diversidade enquanto um fator que divide nosso entendimento sobre a criança e oculta a perspectiva geracional, pois levam-nos a discutir políticas de identidade e não a desenvolver estudos sobre a criança enquanto uma coletividade, ou seja, o status comum entre as crianças.

O pesquisador utiliza-se de uma passagem de um demógrafo norte-americano chamado Samuel Preston, que discutiu sobre a pobreza na infância e na velhice sem trazer a questão racial, pois,

> Com relação à raça, afirmo que o tema aqui é a mudança de status das crianças americanas, um grupo que inclui todas as raças. Não vejo mais motivos para separá-las por raças do que para distinguir as normatistas dos sulistas ou discriminá-las segundo qualquer outro identificador comumente usado. (Preston, 1984, p. 451 *apud* Qvortrup, 2009, p. 1.128).

Por essa perspectiva, os estudos sobre a infância devem estudar as crianças enquanto um grupo e não a partir de suas individualidades, se pautando então na "identidade da infância" em sua posição estrutural em relação aos adultos (Qvortrup, 2009, p. 1.129).

Nossa perspectiva caminha em outra direção, sendo compartilhada por outros autores que veem a infância como um espaço estrutural existente em todas as sociedades e que, por isso, as crianças possuem vários aspectos em comum; no entanto, a forma como cada criança ocupa esse espaço geracional difere, pois devemos levar em conta a diversidade de contextos de vida das crianças conforme questões de raça, idade, etnia, classe, religião, gênero etc.

Assim, estamos atentando para o seguinte:

> A Sociologia da Infância propõe o estabelecimento de uma distinção analítica no seu duplo objeto de estudo: as crianças como atores sociais, *nos* seus mundos de vida, e a infância, como categoria social do tipo geracional, socialmente construída. (Sarmento, 2009, p. 17).

Na contramão de uma concepção uniforme/universal de infância, falamos em *infâncias*, no plural (James; James, 2004; Sarmento, 2005). É uma perspectiva pertinente quando tratamos das crianças negras, pois a ideia de uma infância padrão permanece com vigor entre os discursos e as práticas, mas precisamos considerar que

> A infância será vivenciada de várias formas por crianças em diferentes contextos culturais, bem

> como em um único cenário, enfatiza também sobre até que ponto a "infância" é unida por um conjunto de experiências comuns e compartilhadas e, no entanto, ao mesmo tempo, é fragmentada pelas diversidades da vida cotidiana das crianças. (James; James, 2004, p. 7).

Dessa forma, as questões etárias e de raça, bem como classe e gênero, são marcadores sociais de diferença e constituem-se em categorias de articulação e de interseccionalidades. Segundo Akotirene (2020, p. 20), "há o cruzamento e a coalizão destas estruturas de opressão". Portanto, não se pode hierarquizar opressões.

Estes fatores criam experiências distintas, como já foi dito, pois "determinam a forma e intensidade com que os indivíduos serão discriminados, explorados e oprimidos" (hooks, 2019, p. 48). Assim, considera-se que as identidades são forjadas de diferentes tipos de opressões que assolam as mulheres que vivem diferentes experiências de vida, em razão de estarmos numa sociedade sexista, racista, classista, patriarcal.

As perspectivas produzidas na modernidade envolvendo a racialização e a normalização afetaram também o nosso modo de olhar para a infância. A partir do século XVIII, tivemos a criação de um aparato discursivo em torno da infância: pedagogos, filósofos, psicólogos, médicos, religiosos etc. — a produção da ideia de uma natureza infantil produzindo uma infância moderna, abstrata, universal, que desconsidera os determinantes da estrutura social.

Assim, de acordo com Kramer (2005, p. 35),

> [...] la idea de infancia moderna fue universalizada sobre la base del padrón de niños de las clases medias, y de criterios de edad y de dependencia del adulto característicos de su inserción específica en el interior de esas clases.

A ideia da existência de um padrão/de uma normatividade nos leva à produção dos que se desviam desse padrão de infância moderna, justificando pensarmos sob a clave da diferença.

Diferenças que abrem possibilidades de "devir outra coisa, de se pensar em mutações na concepção moderna de infância. A concepção moderna de infância, na qual se tem pautado a escola, marca os corpos negros infantis com base na identidade que se atribui ao seu corpo negro, à sua pele, que historicamente foram marcados pela colonialidade.

Essa perspectiva povoa nosso imaginário sobre a infância, produzindo um pensamento representacional/dogmático baseado numa racionalidade cartesiana que coloniza nossas percepções diante de nossas crianças e de suas infâncias.

Sob a lógica das diferenças, é possível pensar a infância enquanto possibilidade de um pensamento-outro, reivindicando, assim, um pensamento de infância sem uma forma, um modelo contra a violência desse pensamento produzido/naturalizado sobre o que seja a infância da criança negra.

Collins e Bilge (2021) defendem que as décadas de 1960 e 1970 foram muito importantes para a construção da ideia de interseccionalidade gestada no contexto dos movimentos sociais, e que as ideias centrais presentes na perspectiva interseccional são desigualdade social, a relacionalidade, o poder, a injustiça social, o contexto social.

Considerando esses movimentos sociais, podemos citar o papel das mulheres de cor nos movimentos *Black Power*, *Red Power*, libertação dos chicanos, bem como, de acordo com Collins e Bilge (2021), nos movimentos asiático-americanos em bairros segregados por conta de sua raça e etnia. Desta forma, é possível encontrar as ideias da interseccionalidade em várias publicações e documentos do feminismo negro conforme um histórico. Citaremos alguns exemplos, como: a publicação de Frances Beal de 1969 e cujo título é "Risco duplo: ser mulher e negra". Beal articula raça, gênero e capitalismo nas suas reflexões, demonstrando a opressão interseccional vivida pelas mulheres negras. Em 1970 tivemos a publicação de uma coletânea organizada por Toni Bambara denominada *A mulher negra*. A obra traz vários ensaios importantes do feminismo negro e levanta a questão de que a mulher negra somente se libertaria sem as opressões de raça, classe e gênero. A Declaração Feminista Negra de 1977, elaborada pelo Combahee River Collective (CRC), enfoca as opressões de racismo, patriarcado e capitalismo valendo-se de uma relação sistêmica. Collins e Bilge (2021) nos apresentam alguns vocábulos que passaram a ser utilizados para designar interseccionalidade, e foram os seguintes: "risco", "duplo risco", "triplo risco", "múltiplos riscos", "sistemas de opressão interligados".

No fim da década de 1980 e início da década de 1990, tivemos uma institucionalização do conceito, que ganhou força no ensino superior a partir da publicação do artigo de Kimberlé Crenshaw "Mapeando as margens: interseccionalidade, política identitária e violência contra as mulheres de cor" (Collins; Bilge, 2021). Crenshaw (2002), assim, conceituou interseccionalidade como a articulação de um ou mais fatores que representam formas de subordinação social, tais quais o sexismo, o patriarcalismo, o racismo.

A interseccionalidade, de acordo com Alanen (2016), vai ao encontro de uma concepção pós-moderna ao entendermos que a "interseccionalização" é considerada uma das dimensões constitutivas da pós-modernidade (Susen, 2015, p. 220 *apud* Alanen, 2016, p. 158), sendo que, numa perspectiva pós-moderna, a realidade social é considerada estruturada interseccionalmente. É importante pontuar criticamente que há continuidades entre formas modernas e pós-modernas de teorizar e explicar a infância. Até mesmo pelo referencial teórico adotado, não chegamos ainda a uma pós-modernidade justamente por convivermos com os resquícios da modernidade apoiados nos efeitos da colonialidade. Então, entendo que o que temos é um questionamento às grandes narrativas, um descontentamento com o modo como a criança era vista até então, ou seja, a busca por uma inversão na narrativa moderna, até então extremamente vista como o único modo de explicação e compreensão.

De acordo com Alanen (2016, p. 157), "a nova fase da investigação sobre as crianças e a infância (desde a década de 1980) coincidiu amplamente com o que foi chamado de 'virada pós-moderna' nas ciências sociais". E a interseccionalidade se apresenta como uma ferramenta importante para os estudos e as pesquisas no campo da infância.

Assim, a experiência da infância por uma perspectiva interseccional é importante para entendermos os significados de ser criança e negra no Brasil, e o Feminismo Negro nos apresenta as lutas que devemos considerar na consecução dos direitos das crianças.

2

A PESQUISA SOBRE OS BEBÊS NEGROS

A presente pesquisa se caracteriza como um estudo de caso descritivo de natureza qualitativa. O estudo está relacionado à creche e envolve a análise das práticas educativas e o tratamento da questão racial na faixa etária entre 0 e 3 anos de idade. Diante disso, foi proposto o seguinte objetivo: realizar uma análise das práticas educativas que ocorrem na creche, com ênfase na criança negra, verificando as maneiras pelas quais elas produzem e revelam a questão racial.

Para atender ao objetivo proposto, a metodologia utilizada contemplou a observação de salas de aula na creche, sendo acompanhada da realização de entrevistas com as profissionais dessa instituição (professoras e diretora da creche) e a produção de um diário de campo. A pesquisa foi realizada em uma creche no interior de São Paulo, durante um semestre letivo, num total de 19 semanas contadas, a partir do dia 24 de março até 28 de julho de 2003 (228 horas), com frequência de três vezes na semana, utilizando um sistema rotativo, por meio do qual se passava por todas as salas uma vez por semana cada.

A escolha da instituição foi realizada intencionalmente, elegendo-se aquela que continha um maior número de crianças negras. A partir disso, observou-se como essas crianças estavam sendo cuidadas pelas profissionais brancas e negras inseridas na instituição escolhida para a pesquisa, pois a realização de uma comparação ou contraponto na relação entre as profissionais da creche e as crianças negras e brancas é crucial para a pesquisa.

O diário de campo foi utilizado para descrever as seguintes situações: expressão verbal (falas valorativas ou depreciativas), prática não verbal (atitudes que demonstrassem a aceitação ou rejeição do contato físico), a maneira como o espaço era utilizado, a rotina das crianças e as atividades educativas.

O roteiro de entrevistas foi discutido anteriormente com a orientadora e proposto com base nas situações observadas no campo. O roteiro foi organizado visando situar fatores que tratavam sobre o trabalho diário na creche e a questão racial. Obteve-se um total de oito entrevistas. Geralmente as entrevistas eram feitas no horário de almoço das professoras, que, segundo elas, era mais adequado. Optou-se por não entrevistar cozinheira, faxineira e ajudantes de serviços gerais, pois, apesar de também participarem do processo de socialização das crianças, não ficavam em contato direto com estas.

Após o término da coleta dos dados, foi realizada a organização do que foi observado e também levantado durante as entrevistas em categorias de elementos que se repetiam nas falas e nos acontecimentos cotidianos. Diante disso, os dados foram divididos em duas partes: 1) dados advindos do período de observação e 2) dados advindos das entrevistas com as profissionais da creche (professoras e diretora).

Os participantes da pesquisa foram os seguintes: os bebês (num total de 61; destas, havia 14 bebês negros e 47 bebês brancos) e 8 adultas (7 professoras e a diretora). A divisão dos 14 bebês negros nas salas da creche era a seguinte: 1 no berçário; 6 na sala de 1 ano; 4 na sala de 2 anos; e 3 na sala de 3 anos.

Na creche havia um total de 12 profissionais, sendo todas mulheres, e a idade variava de 33 a 54 anos; entre estas, havia 4 profissionais negras (35%) e apenas 1 delas era professora, as outras 3 ocupavam cargos que se encontram na base da pirâmide profissional e salarial, atuando como cozinheira, faxineira e ajudante de serviços gerais.

Dessa forma, como a pesquisa tratava das práticas educativas em relação às crianças negras, optou-se por utilizar o termo “raça” em vez de “etnia”, pois o componente que entra é a cor da pele, elemento usado para as classificações raciais, seguindo, assim, a mesma terminologia de Guimarães (2002), já que também compartilho da ideia de que não existem raças biológicas, mas sim raças sociais permanentes.

Não obstante, segundo Stolcke (1991), o termo "raça" ser de origem muito mais antiga do que o termo "etnia", este último ganhou uso mais generalizado no período pós-guerra, pois a repugnância ética às doutrinas raciais nazistas levaria muitos acadêmicos a evitar o termo "raça". A partir de então, o termo "etnia" passou a ser utilizado para designar os grupos humanos como um fenômeno histórico e cultural, e não em categorias de pessoas biologicamente determinadas exibindo traços hereditários comuns, em termos morais e intelectuais (Stolcke, 1991). No entanto, o termo "etnia" pode acabar se tornando um disfarce, ou melhor, parafraseando Guimarães (2002), "um tropo", para a questão racial, minimizando o racismo prevalecente.

Desta forma, optou-se pela utilização do termo "raça" enquanto categoria analítica, pois, de acordo com Guimarães (2002, p. 52), as "raças sociais" são "epifenômenos permanentes que organizam a experiência social humana e que não têm chances de desaparecer". Apesar do que já ficou provado pela genética de que não existem raças biológicas, as classificações raciais continuam a ser feitas baseadas na ideia de raças superiores e inferiores.

O espaço interno da creche pesquisada

O espaço interno da creche era composto por três banheiros: dois deles eram para as crianças das salas de 2 e 3 anos e o outro para as profissionais que atuavam na creche. A creche possuía também quatro salas onde as crianças eram atendidas, sendo uma sala de troca para as crianças menores de 2 anos; refeitório, cozinha, dormitório para as crianças acima de 1 ano, lavanderia, diretoria e sala de brinquedos (os brinquedos disponíveis eram os seguintes: bonecas, contando com apenas duas bonecas pretas, num total de 12 bebês brancos, sem contar as bonecas tipo "Barbie", que eram várias; carrinhos; três velotróis; uma motoca grande; um fogão grande de plástico; e três cavalos de balanço).

No espaço externo ficava o parque (com um escorregador, tanque de areia, balanços e pula-pula), o "quadrado" (uma área cimentada e cercada por um muro baixo) e um outro parque (também com trepa-trepa, balanços, dois jacarés), só que neste o chão não era cimentado, tinha grama.

A sala do berçário que constituiu o espaço analisado neste texto era composta por móbiles e uma prateleira com brinquedos, sendo a maioria destes de borracha; uma casinha com bolinhas; tinha também um tapete no chão com almofadas; os berços; e cadeirões para as refeições. As paredes estavam enfeitadas com várias figuras de bebês, sendo absolutamente todos brancos e contendo algumas dicas abaixo das imagens sobre a hora do banho, de dormir e de comer. Eram atendidos doze bebês entre 4 meses e 1 ano de idade (até 1 ano e 3 ou 4 meses). Desse modo, temos um espaço que coloniza e subjetiva as crianças negras e brancas sob a lógica normativa da branquitude.

A organização do espaço é um outro elemento essencial e entrelaça-se diretamente com a organização do tempo. Forneiro (1998) faz uma interessante distinção entre espaço e ambiente. O espaço refere-se aos locais onde as atividades são realizadas e caracterizam-se pelos objetos, móveis, materiais etc.; já o ambiente diz respeito ao conjunto desse espaço físico e às relações nele estabelecidas — por isso, considera-se que o ambiente "fala", transmite-nos sensações, evoca recordações, passa-nos segurança ou inquietação, mas nunca nos deixa indiferentes.

Assim, para Horn (2004), o espaço é um elemento curricular, pois estrutura oportunidades para a aprendizagem por meio das interações possíveis entre as crianças e os objetos e delas entre si, podendo ser este estimulante ou limitador das aprendizagens, pois os espaços são educadores e, por isso, devem permitir ricas interações, a autonomia das crianças, estimular sua curiosidade etc.

Nessa organização do espaço, é importante refletir sobre algumas questões: quais são as imagens de crianças negras, com deficiência, indígenas, asiáticas etc. presentes nas paredes da sua instituição? O espaço deve ser visto como um educador também, mas, para isso, preciso refletir sobre: como tenho organizado esse espaço? Quais materiais tenho disponibilizado para positivar as diferenças? O que disponibilizei para ser visto? O que colei nas paredes? Quais músicas suas crianças têm ouvido?

Assim, não nos é permitido esquecer os efeitos e os resquícios vividos pela prática da escravidão, pois isso criou a ideia poderosa de uma supremacia racial branca (a branquitude), que gerou um grupo socialmente privilegiado e que, consequentemente, possui um privilégio epistêmico que nos ensina baseado numa única visão de mundo.

Isso nos remete a Chimamanda Ngozi Adichie, que, em seu livro *O perigo de uma história única*, nos conta que, de desde cedo, aos 7 anos, ela começou a escrever e como ela escrevia por uma perspectiva dos livros que ela lia, e eram livros que retratavam histórias, experiências de personagens estrangeiros (americanos e britânicos) que em nada se pareciam ou faziam referência à sua história de menina negra nigeriana, pois ainda não havia descoberto os livros africanos, já que não havia muitos disponíveis.

A contribuição de Chimamanda é justamente nos fazer refletir sobre o que nos ensinam e por qual prisma nos ensinam. Pela perspectiva de quem? Então, Chimamanda passou a escrever sobre coisas que conhecia desde o momento em que teve contato com livros africanos de literatura infantil. Ela nos diz: "o que a descoberta de escritores africanos fez por mim foi isto: salvou-me de ter uma história única sobre o que são os livros" (Adichie, 2019, p. 14).

Quais outras histórias únicas nos contaram? Ao falar sobre uma história única, retornamos à discussão sobre o poder e a força ainda tão atual da colonialidade que a produz como verdade absoluta. Assim, valendo-se de um poeta palestino, Mourid Barghouti, Chimamanda nos diz que: "se você quiser espoliar um povo, a maneira mais simples é contar a história dele e começar com 'em segundo lugar'" (Adichie, 2019, p. 23). Junto a esse espólio, temos também o roubo da humanidade dessas pessoas.

A rotina dos bebês

Desde o momento em que nascem, as crianças estão inseridas em instituições que se baseiam nesse poder normalizador, justamente por estas se enquadrarem no que Foucault (2002b) denominou de "instituições de sequestro" (escola, fábrica, quartel, hospital etc.).

A rotina da creche está atrelada a um tempo e espaço disciplinar de organização das atividades cotidianas. De acordo com Foucault (2002b), a disciplina organiza o espaço escolar, pois confere um lugar a cada indivíduo, evita os agrupamentos para diminuir seus efeitos (deserção, aglomeração, vadiagem) e assim vigiar o comportamento de cada um, já que é preciso individualizar os corpos para segmentar uma massa humana, informe, em unidades individuais, alcançáveis e controláveis.

A organização do espaço é um elemento muito importante, pois organiza o múltiplo, impõe-lhe uma ordem, controla cada aluno separadamente e também é uma utilização econômica do tempo. O controle do tempo é um dos elementos-chaves na disciplina, visto que é preciso que haja uma qualidade do tempo empregado que produz uma regularidade no tempo disciplinar, impondo uma rotina escolar.

Para refletir sobre a organização da rotina, é imprescindível que se questionem as relações estabelecidas entre bebês e crianças na creche pesquisada, pois envolve a socialização das crianças nessa instituição educativa ao passo que ensina às crianças uma forma de ser, de se comportar, sobre permissões e proibições que caracterizam relações de poder entre adultos e crianças. Desta forma,

> Enfrentar a questão das tensões e contradições presentes nas relações entre adultos e crianças é

> fundamental para se avançar em direção a uma concepção de socialização que interage esses dois atores sociais, a tal ponto que as manifestações das crianças não sejam despercebidas e reduzidas. (Martins Filho, 2006, p. 22).

Na creche onde se desenvolveu a pesquisa, as relações entre as crianças e os adultos eram marcadas pelas atividades ditadas pela rotina, que se caracterizava, segundo Abramowicz (1996, p. 42), por um "tempo de espera": hora para comer, para dormir, para brincar, como pode ser verificado na apresentação das atividades cotidianas dessa instituição, que se baseava em troca-espera-almoço-espera-apertar brinquedo-espera-andar ou correr pela sala; espera-entrar na cabaninha-espera-dormir-espera-acordar.

Hora da chegada acompanhada de "soneca" para algumas crianças

A hora da chegada à creche se iniciava às 7h00 e as crianças podiam entrar até às 8h00. Algumas crianças, quando chegavam, logo eram colocadas para dormir nos berços, pois, segundo Dirce (professora), é necessário colocá-las para dormir "*porque senão elas ficam enjoadinhas, mas é só por um tempinho, pois se dormirem muito, depois do almoço estão sem sono*"[1].

Os berços fazem parte do mobiliário da sala e ficam dispostos um ao lado do outro. Segundo Ferreira (2000), o berço era a cama tida como mais adequada para as crianças ficarem deitadas, pois, além de permitir à criança dormir sozinha, ainda tinha a vantagem de poder embalá-la, proporcionando um movimento do seu agrado e que, geralmente, a acalentava quando chorava.

No entanto, para além de colocar as crianças para dormir no berço, estes são utilizados também para colocá-las de castigo:

> Willian se apoiou no carrinho que Natália estava dormindo, então, a Diva (professora) foi até lá e

[1] Dados do diário de campo.

> o tirou de perto do carrinho dizendo que ele acordaria a menina. Só que ele voltou novamente a se apoiar no carrinho e Diva diz: "você não vai parar né, então, vai ficar aqui um pouco". E o coloca no berço.[2]

Neste sentido, o berço também pode ser entendido por uma outra ótica, que o torna um equipamento de clausura, pois individualiza os indivíduos e se torna algo análogo às carteiras escolares, que também têm a função de individualizar cada um no seu lugar, na sua fileira, ocupando a sua posição no espaço da classe (Foucault, 1987, p. 125). As grades do berço dão o sentido de celas, enquanto compartimentos individualizados, como estratégia disciplinar de produção de indivíduos.

Hora da brincadeira

As crianças que não dormem quando chegam são colocadas no tapete para brincar. São distribuídos os brinquedos (cachorros, gatos, pássaros, patos, bolas) todos de borracha e a maioria, quando apertados, produz um determinado som, é colorida e de tamanho reduzido. Quando as crianças choram, as professoras começam a apertar alguns desses bichinhos de borracha.

Dirce (professora) ficava sentada no tapete e de lá mesmo observava as crianças, evitava conflitos por causa da disputa por algum brinquedo; se tinha alguma criança com o nariz escorrendo, a professora a chamava para que pudesse limpá-la. Algumas crianças ficavam brincando no tapete, outras engatinhavam pela sala, outras disputavam uma vaga na janela entre as que já engatinhavam ou andavam, e outras ainda se deslocavam até a cabaninha com bolinhas. Dirce ligava seu radinho de pilha e dizia que era para distrair, as crianças gostavam de mexer no aparelho. Rute sempre dizia: "deixa a Silvia ver" (Silvia era a diretora da creche), demonstrando um certo incômodo. As crianças que não

---

2 Dados do diário de campo.

engatinhavam ficavam sentadas no tapete, tendo ao seu alcance os brinquedos de borracha.

No momento da brincadeira, as crianças ficavam "livres" e brincavam com o que era possível em um ambiente pouco desafiador, que contava também com um número reduzido de materiais que pudessem dar suporte à brincadeira.

Hora do "mamá"

Às 8:00 é servida a mamadeira. Algumas crianças já conseguiam segurá-la, outras ainda precisam de ajuda. Três crianças que não mamam tomam café com as outras crianças de 2 e 3 anos no refeitório.

A segunda refeição do dia

Às 9:30 é servida a segunda refeição do dia: suco, chá ou alguma fruta. Nesse horário as crianças a partir de 1 ano não vão ao refeitório, somente na hora do almoço. É um momento em que todas comem juntas na própria sala.

Continuando a brincadeira!

Após o lanche, os bebês voltam para as suas brincadeiras com seus brinquedinhos de borracha, e prosseguem nisso até que lhe sirvam o almoço. Diariamente as crianças são levadas para a área externa em um local denominado "quadrado", que é um cercadinho fechado com portão, mas as grades não impedem que os bebês visualizem o pátio. As professoras acham que no parque é perigoso, por causa dos brinquedos (jacaré, pula-pula, balanços).

As crianças ficam no quadrado até a hora do almoço, às 10:50. Até esse horário, as professoras trazem um cesto cheio de brinquedos (são brinquedos de plástico, como, por exemplo: pecinhas para montar, bolas e vasilhas que as crianças usam para brincar no tanque de areia) e os despejam no chão. E depois ficam observando as crianças. Uma vez ou outra, as professoras cantam músicas infantis: do coelho, do jacaré, da estrelinha, do sapo etc. As crianças já decoraram as coreografias que sempre acompanham essas músicas. Dentro da sala, só presenciei ligarem o rádio uma vez, não mais.

Nesse espaço externo, as crianças ficavam ainda mais limitadas para se locomoverem, pois era bem menor que a sala que as acolhia. As professoras levavam alguns brinquedos, mas não muitos, já que era somente o que cabia em um recipiente de plástico. As professoras permaneciam sentadas o tempo todo olhando as crianças, mas por um olhar que só enxergava "o nariz sujo para limpar" e "conflitos por conta de brinquedos". Este olhar, que se caracterizava mais pelo "vigiar", não era um olhar atento para além das necessidades físicas e de proteção das crianças; por isso, não se atentava para o movimento, para as brincadeiras, ou seja, para a aprendizagem das crianças. É neste sentido que

> [...] diversas das ações realizadas pelas professoras no dia a dia da instituição acabam sendo automatizadas e, não sendo vistas como importantes passam despercebidas, de forma a não vir à tona a riqueza da vida diária (Tristão, 2006, p. 39).

Hora do almoço

O almoço é servido às 10h50, as crianças a partir de 1 ano já vão para o refeitório e cada sala tem sua mesa. As crianças do berçário são alimentadas na própria sala, mas há outro cômodo entre a sala e o banheiro onde é servido o almoço.

Hora da troca e da "soneca"

Geralmente às 8h30 começa a primeira troca das crianças, mas após o almoço as crianças são trocadas novamente e em seguida colocadas para dormir. Rute (professora) fica com as crianças na hora do almoço e não aceita que Dirce (professora) coloque as crianças para dormir após as 8h00, pois no horário de dormir não estão com sono. O horário reservado para as crianças dormirem é das 11h30 até às 13h30, quando são reiniciadas as atividades na creche. Não há possibilidade de escolha pelas crianças entre dormir ou não dormir, pois todas devem dormir. Algumas resistem inicialmente, mas depois são vencidas pelo cansaço da espera e caem no sono.

A questão do "tempo" aparece de forma constante no cotidiano da creche por meio da rotina que submete as crianças ao ritmo determinado pelo adulto: o tempo para falar, para dormir, para ir ao banheiro, para as refeições, para orar, para a brincadeira, para a tarefa, conforme uma regularidade das atividades e do tempo (Foucault, 1987).

É nessa organização diária que está pautada a socialização das crianças inseridas nessa instituição, que ainda se encontra presa, segundo Faria (1999), a um modelo rígido de escola, casa e hospital. Ou seja, uma instituição que tem como base a casa (espaço doméstico), a escola (processo de escolarização e socialização), o hospital (os cuidados com o corpo) e a prisão (o berço enquanto uma forma de controle), que, consequentemente, produz um determinado tipo de indivíduo, de criança e de aprendiz por meio da disciplina do corpo, da padronização dos movimentos e da homogeneização das formas de ser criança.

Isso se refere a uma prática assistencial e a uma visão dos pobres como aqueles que devem ser educados sob uma moral, já que essa prática assistencial (que é uma prática de produção de sujeitos) não significa apenas alimentar e higienizar, mas significa enquadrar os pobres nas regras que fazem funcionar a sociedade disciplinar, como a forma correta de comer, de sentar-se à mesa, de agradecer a Deus o alimento, de pentear o cabelo, de se higienizar, que significa supressão das diferenças, ou seja, para se comportar conforme o que convencionalmente se estipulou como o correto a ser seguido.

Essa moral é amparada pela norma, age com base em uma anatomia política do corpo e segundo o princípio da norma. De acordo com Foucault (2002b, p. 88), o século XIX assistiu à invasão progressiva do espaço da lei pela tecnologia da norma ditando "o que é normal ou não, correto ou não, do que se deve ou não fazer, determinando se o indivíduo se conduz ou não como deve, conforme ou não à regra".

A norma fará a escola funcionar como um pequeno tribunal, pois utiliza-se de uma micropenalidade do tempo (atrasos, ausências, interrupções das tarefas), da atividade (desatenção, negligência, falta de zelo), da maneira de ser (grosseria, desobediência), dos discursos (tagarelice, insolência), do corpo (atitudes "incorretas", gestos não conformes, sujeira), da sexualidade (imodéstia, indecência) (Foucault, 2002b, p. 149).

Um controle social do corpo que tem como objetivo formar o corpo do indivíduo, pois este já não era mais objeto de suplício e de penas, mas transformou-se em algo que deveria ser cuidado, reformado, treinado, corrigido para obter determinadas qualidades e aptidões a fim de extrair daí um corpo útil, com força de trabalho.

Apesar de esse discurso da normalização estar calcado num poder sobre a vida, não podemos deixar de considerar que a vida também produz mecanismos de resistências a esse poder, um "poder da vida" que faz "fugir" esses modelos "de comportamento", "de estética", "de ser" que são inculcados/transmitidos pela normalização.

3

CULTURAS INFANTIS E O BRINCAR: INTERSECÇÕES BASEADAS EM GÊNERO E RAÇA

Da mesma forma que os pais apresentam expectativas em relação aos meninos e às meninas, a escola também subjetiva as crianças valendo-se de representações culturais que existem sobre o que é ser homem ou mulher, ou seja, sobre o que está relacionado ao universo feminino ou ao masculino, como mostram os dados a seguir.

Numa certa ocasião, Nice (professora/branca), responsável pelas crianças de 2 anos, se referiu aos meninos da seguinte forma: "eu acho que eu não iria aguentar ter filho homem". Pergunto o motivo, e ela responde o seguinte: "porque eles são muito mais terríveis". Ou seja, ela associava os meninos à bagunça, à indisciplina, como uma característica naturalmente masculina.

Numa outra situação, quando estávamos na sala de brinquedos, Raquel (professora/negra), responsável pelas crianças de 3 anos, disse o seguinte para A. (branco): "guarda essa boneca onde estava, você é menino, não pode brincar com boneca". Em seguida, o menino guardou a boneca e pegou um carrinho.

A cena se repetiu uma outra vez em que também estávamos na sala de brinquedos, quando Raquel (professora/negra) ficou brava com W. (branco/2 anos) e M. (branco/2 anos) por estarem brincando com o fogão. Ela disse: "deixa o fogão para as meninas". Outra situação semelhante ocorreu na sala das crianças de 1 ano: D. (negro/1 ano) pegou uma boneca, e Rosa (ajudante de serviços gerais/negra) disse o seguinte: "você está com boneca? Boneca é de menina". Então ele deixou a boneca e saiu em direção à cabaninha com bolinhas. No entanto, passados alguns minutos, D. (negro/1 ano) retorna, mas agora com uma bolsa plástica rosa, então Rosa, diante da situação, fez uma nova colocação, dizendo: “D., negão com essa bolsa rosa é meio estranho, não dá muito certo”. Mas desta vez ele não deixou a bolsa.

Associada à ideia de que menino não pode brincar com bolsa rosa, tem também a concepção da professora sobre o jeito que um “negão” deve ser, que não pode estar associado a algo feminino, como uma bolsa rosa, pois, quando a professora disse “negão”, nesta expressão está presente toda uma masculinidade conferida à palavra. Outra concepção está relacionada às cores: no caso apresentado, o rosa estava associado somente às meninas.

Assim, a instituição escolar também ensinaria um jeito de ser menina e um jeito de ser menino, pois, de acordo com Abramowicz (1996, p. 54),

> [...] a escola exige uma maneira de ser menina para que se cumpra um certo padrão social: os cabelos penteados, a maneira correta de sentar, de escrever, a limpeza no caderno são exigências escolares não só para se constituir num aluno, mas para a disciplinarização do corpo e do sexo.

Na mesma sala, em outro dia, V. (negro/1 ano) pegou uma boneca, então Marli (professora/branca) disse: “deixa a boneca aí que daqui a pouco você estraga, e boneca é de menina”. Dulce (professora/branca), diante da situação, fez o seguinte comentário: “os meninos também podem brincar de bonecas, porque assim é uma forma deles se prepararem para serem pais”.

Inicialmente achei que estávamos tendo um avanço, mas, depois de concluída a frase, foi possível compreender que Dulce só apoiava os meninos brincarem com bonecas como preparação a suas tarefas enquanto futuros pais; assim, ela tentava dar sentido a uma ideia estereotipada de que meninos só podem brincar com carrinhos; e meninas, só com bonecas.

Segundo Chateau (1987 *apud* Oliveira, 1988, p. 238), “ao brincar, a criança não apenas conhece a si próprio, mas também, aprende as normas sociais de comportamento, os hábitos determinados pela cultura". Brincar, em muitos casos, é uma estratégia de fazer cumprir, de forma prazerosa e natural, as regras de conduta, ou seja, nada há naturalmente diruptivo em brincar.

Assim, de acordo com Belotti (1985), não são apenas as meninas vítimas de um condicionamento negativo em função do sexo, pois o menino, à medida que se vai desenvolvendo, também é moldado tão rigidamente quanto a menina nesses mesmos valores. Essa questão do gênero também passa pela necessidade de ruptura dos sentidos que são hegemônicos na nossa sociedade, sobre essa polarização entre os sexos socialmente construídos.

Podemos compreender estas construções por uma perspectiva colonial-moderna-racista. Nesse sentido, María Lugones (2021) discute a criação da ideia de gênero baseado no patriarcado e na heterossexualidade enquanto elementos constituidores da organização colonial moderna com base na proposição de um paradigma sexual binário — masculino e feminino —, considerando os primeiros como aqueles que possuem pênis e conseguem penetrar uma vagina e os segundos como aquelas que possuem útero e, portanto, reproduzem. Essa perspectiva desconsidera que o sexo biológico também é socialmente construído.

Para dar prosseguimento à discussão, não podemos deixar de trazer as contribuições de Oyèrónke Oyewùmi com a sua publicação, no ano de 2021, do livro *A invenção das mulheres: construindo um sentido africano para os discursos ocidentais de gênero*. A autora defende que o gênero é uma criação colonial, pois, na sociedade iorubá pré-moderna, ou seja, antes da colonização ocidental, essa ideia não existia.

Oyewùmi entende que o gênero, do modo como foi produzido pelo Ocidente, se tornou uma ferramenta de dominação que designa duas categorias sociais que se opõem de forma binária e hierárquica, gerando uma inferiorização e subordinação das mulheres.

Na cosmologia iorubá, gênero não era um princípio organizador; em vez disso, o princípio básico da organização era a senioridade. As categorias iorubás *obinrin* e *okùnrin* não designam a ideia de homem/mulher e macho/fêmea. A palavra "*obinrin*" não deriva etimologicamente de *okùnrin*, como mulher deriva de homem. *Rin*, o sufixo comum entre *obinrin* e *okùnrin*, sugere humanidade comum, e os prefixos *obìn* e *okùn* especificam a variedade de anatomia.

Outra razão pela qual *obinrin* e *okùnrin* não podem ser traduzidos como macho e fêmea é que essas categorias iorubás se aplicam apenas a seres humanos adultos e normalmente não são usados para *omodé* (crianças) ou *eranko* (animais).

Assim, na sociedade iorubá, é possível reconhecer as distinções biológicas/fisiológicas sem projetar uma hierarquia das duas categorias sociais; por isso, Oyewùmi (2021) propõe os novos conceitos de "anafêmea", "anamacho" e "anassexo".

Neste sentido, Preciado (2019) traz contribuições para nossa reflexão, pois propõe a ideia de uma contrassexualidade, que não significaria a construção de uma nova natureza, mas o fim da Natureza como ordem que legitima a sujeição de certos corpos a outros. A contrassexualidade é, em primeiro lugar, uma análise crítica da diferença de gênero e de sexo; e, em segundo lugar, a substituição de um contrato social que denominamos Natureza por um contrato contrassexual, no qual os corpos se reconhecem a si mesmos não como homens ou mulheres, não como corpos sexuados e generizados conforme estabelecido pela modernidade, mas como corpos falantes.

A contrassexualidade é também uma teoria do corpo que se situa fora das oposições homem/mulher, masculino/feminino, heterossexualidade/homossexualidade. Assim, a ideia de contrassexualidade provém de Foucault, segundo Preciado (2019), pois foi aquele quem teria nos mostrado que a forma mais eficaz de resistência à produção disciplinar da sexualidade não é a luta contra a proibição, e sim a contraprodutividade, isto é, a produção de formas de prazer-saber alternativas à sexualidade moderna.

Em relação às brincadeiras, as crianças de 4 meses a 1 ano tinham disponíveis, brinquedos de borracha coloridos e de tamanho reduzido, que geralmente faziam algum som ao serem apertados; porém, as crianças que já engatinhavam ou andavam podiam buscar outras formas para se divertir, como, por exemplo: ir até a cabaninha com bolinhas, apoiar-se nos carrinhos e tentar se locomover ou ver o movimento pelo vidro grande da sala que dava para o corredor da creche.

As crianças a partir de 1 ano brincavam geralmente com pecinhas de montar (tipo Lego), tinham também como opção a cabaninha com bolinhas, outros brinquedos na prateleira, como, por exemplo: telefones, carrinhos e bonecas. As professoras sempre ofereciam às crianças essas pecinhas de montar, já citadas anteriormente. As crianças nesta faixa etária geralmente não brincavam juntas com algum brinquedo, pois cada uma fica fazendo coisas diferentes; também se interessavam por um brinquedo e logo já estavam com outro. O que acontecia sempre era que uma criança estava brincando com determinado brinquedo e o colega também queria aquele brinquedo e começavam as brigas, para então as professoras deixarem de lado as conversas e intervirem guardando o objeto ou decidindo quem o tinha pegado primeiro.

Na sala de 2 anos, a professora sempre oferecia às crianças o mesmo tipo de pecinhas de montar, só mudava a forma dos que foram citados anteriormente, da mesma maneira que na sala de 3 anos. Nessas duas salas, as crianças não tinham outro tipo de brinquedo, só brincavam de outra forma quando estavam na sala de brinquedos (que tinham outras opções) ou quando brincavam no parque.

No parque elas gritavam, balançavam, brincavam juntas. Às vezes, as professoras levavam brinquedos para que elas pudessem brincar no tanque de areia, como, por exemplo: vasilhas pequenas de plástico que as crianças ficavam enchendo de areia. Geralmente, e até mesmo os meninos, nessa hora brincavam de cozinhar, eles faziam todo tipo de comidinha, e eu tinha de "experimentá-las".

Eles diziam: "tia, come bolo, está uma delícia", ou "come toda a comidinha". Quando o controle é menor, as brincadeiras podem ficar mais ricas e menos estereotipadas.

As crianças não ofereciam as "comidinhas" para as professoras, talvez porque estas ficassem distantes do tanque, ou seja, não brincavam com as crianças, pois geralmente conversavam com outras professoras e auxiliares que também estavam no parque. A esse respeito, Cerisara (1998 *apud* Kishimoto, 1998, p. 135) também apresenta algo semelhante, pois, durante a realização do estágio em uma creche, após um período de observação, constatou que as educadoras raramente brincavam com as crianças, apenas interferiam diante de conflitos ou brigas entre elas. E, a partir disso, a autora coloca duas questões:

> [...] diante de tudo que tem sido produzido nas diferentes áreas do conhecimento (Psicologia, Antropologia, Sociologia), nos últimos anos, acerca da importância da brincadeira na vida das crianças, o que faz com que, ainda hoje, as educadoras das creches permaneçam sem conseguir se apropriar destas ideias em seu trabalho pedagógico? E os cursos que formam estas profissionais não têm tratado deste tema? (Cerisara, 1998 *apud* Kishimoto, 1998, p. 135).

Cerisara (1998 *apud* Kishimoto, 1998, p. 129) mostra como a psicologia sócio-histórica concebe o jogo infantil enquanto uma atividade marcada pela cultura e mediada pelos sujeitos com quem a criança se relaciona. Nessa perspectiva, segundo a autora,

> [...] o jogo deve ser considerado uma atividade social humana baseada em um contexto sócio-cultural a partir do qual a criança recria a realidade utilizando sistemas simbólicos próprios. Ela é, portanto, além de uma atividade psicológica, uma atividade cultural (ibid). E como as professoras não interferem, as crianças brincam de permanecer nesta cultura. (Cerisara, 1998 *apud* Kishimoto, 1998, p. 129).

Assim, de acordo com Brougère (1998 *apud* Kishimoto, 1998, p. 20), "*o brincar não é uma dinâmica interna do indivíduo, mas uma atividade dotada de uma significação social que, como outras, necessita de aprendizagem*". E, valendo-se disso, o autor situa as brincadeiras entre os bebês e as mães como um dos lugares essenciais dessa aprendizagem, levando a criança a reconhecer certas características do jogo, como: o aspecto fictício (é um faz de conta), a inversão de papéis e a necessidade de um acordo entre pares (mesmo que a criança não consiga aceitar uma recusa do parceiro em continuar brincando). Características essas que, segundo Brougère (1998), formam uma cultura lúdica (esquemas de brincadeiras), com base na qual há uma absorção dos elementos da cultura do meio ambiente da criança — então, consequentemente, essa cultura varia conforme o meio social e o sexo.

Em relação às brincadeiras organizadas pelas professoras, durante o período em que estive na creche, apenas Raquel (professora/negra), responsável pelas crianças de 3 anos, convidava de forma esporádica as crianças a brincarem coletivamente, e isso geralmente acontecia quando sua sala estava sozinha no parque; do contrário, ela ficava com as outras professoras.

As brincadeiras oferecidas pela professora eram as seguintes: encher bexiga e pato-ganso[3]. A diferença entre essas brincadeiras e as outras é que estas eram dirigidas por um adulto e ocorriam no momento estipulado por ele, e geralmente as crianças logo se dispersavam, não querendo participar da brincadeira. Então a professora dizia: "viu como eles se cansam rápido?" Já em outras brincadeiras que poderiam ser descritas como "livres", as crianças decidiam do que brincar e quando brincar, ou seja, nesse momento elas poderiam aproveitar o tempo e realizar as possíveis vontades de fazer uma coisa ou outra com um pouco mais de autonomia,

[3] *Encher bexiga*: fez-se uma roda e todos se juntaram abrindo e fechando a roda como se fosse uma bexiga que se enchia e se esvaziava. Pato-ganso: todos se sentavam no chão e alguém começou a brincadeira dizendo "pato". Quando resolvia tirar alguém da roda, então ele dizia "ganso", e essa outra criança devia se levantar e correr atrás daquela que a tirara da roda, sendo que esta, para não ir para o meio da roda, tinha de se sentar no lugar daquela que a tirara da roda.

considerando que as professoras não ficavam próximas às crianças quando estávamos no parque e os meninos nessa hora até podiam brincar de fazer "comidinha". O parque, enquanto um espaço aberto, conferia às crianças essa "autonomia", que não era possível num espaço fechado como a sala de brinquedos, que representava um espaço institucional, mais didático e, por isso, com uma supervisão e controle maior.

É importante enfatizar que o brincar é uma estratégia de pertencimento e afirmação de culturas, ou seja, de socialização. Assim, o brincar adquire o sentido da permanência, da não transformação, aprendendo-se, dessa forma, a realizar o padrão estipulado.

Os dados apresentados nos levam a refletir sobre os aspectos materiais das culturas infantis sob um recorte racial. Assim, é importante definir o que estamos compreendendo por "cultura material da infância". De acordo com Corsaro (2011, p. 145), essa cultura compreende "vestuário, livros, ferramentas artísticas e de alfabetização e, mais especialmente brinquedos".

Figura 1 – Os bebês interagem com os livros

Fonte: a autora

Com base nessa cultura material, as crianças se apropriam e ressignificam esses artefatos em suas brincadeiras e nas interações com seus pares, ou seja, coletivamente, produzem suas culturas infantis. Assim, as concepções atuais sobre socialização, especialmente no campo da Sociologia da Infância, entendem que esse processo se dá por meio de múltiplas negociações com seus pares (crianças-crianças) e também com os adultos, contribuindo para a construção da identidade do sujeito (Plaisance, 2005).

De acordo com Sirota (2001), esse novo paradigma ancora-se na perspectiva da sociologia interacionista, na fenomenologia e nas abordagens construcionistas, que veem a criança como um ator. Dessa forma, propõe-se um outro modelo baseado numa concepção interacionista que implica considerar a criança "como sujeito social, que participa de sua própria socialização, assim como da reprodução e da transformação da sociedade" (Mollo-Bouvier, 2005, p. 393).

Essa socialização entre as crianças e seus pares baseia-se nas trocas, nas relações entre si, nas brincadeiras e interações que são estabelecidas e mediadas pelos aspectos materiais da infância. Valendo-nos dessa produção das culturas de pares, podemos nos aproximar do modo como as crianças se apropriam da cultura do mundo adulto, como a reproduzem e ao mesmo tempo a ressignificam conforme o conceito de reprodução interpretativa de Corsaro (2011).

Figura 2 – Brinquedos

Fonte: a autora

As culturas da infância se configuram, de acordo com Sarmento (2005, p. 373), como "o campo de ação das crianças dentro da categoria geracional". Dessa forma, desde cedo, valendo-se dos materiais que a sociedade adulta oferece às crianças e das relações que são construídas com seus pares com base nessa cultura simbólica e material, as crianças percebem os estigmas/estereótipos que são associados ao seus grupos étnico-raciais e os negociam entre seus pares.

De acordo com Erin Winkler (2009, p. 06), "existe um mito na cultura popular que crianças pequenas são 'daltônicas' ou não reconhecem as diferenças", e, de fato, é mito. Assim, em suas culturas infantis, encontramos elementos associados ao modo como as crianças ressignificam o mundo a sua volta, e isso inclui o modo de lidar com as diferenças étnico-raciais, demonstrando que identificam as diferenças e em diversas situações podem manifestar formas de exclusão na interação com outras crianças consideradas diferentes.

Neste sentido, o que nos interessa é pensar nessa cultura material destinada às crianças, especificamente com base em livros e brinquedos que estejam voltados para a questão racial. Assim, a questão que norteia a reflexão é: quais as contribuições da cultura material da infância para a educação das relações étnico-raciais?

Figura 3 – Interagindo com a boneca

Fonte: a autora

Com suporte nas Diretrizes Curriculares Nacionais para a Educação das Relações Étnico-Raciais e Ensino de História e Cultura Afro-Brasileira e Africana (2004), entendemos a urgência da reeducação das relações entre negros e brancos, ou seja, das relações étnico-raciais no Brasil. Essa reeducação, sendo iniciada desde a infância, poderá trazer benefícios para o combate ao racismo, trazendo consequências positivas para a formação da criança negra e branca e o desmantelamento da ideia produzida pela modernidade colonial acerca da existência de uma supremacia racial branca gerando um grupo socialmente privilegiado com base na total desumanização dos negros, tornados "outros", "primitivos".

Abordar as crianças, sejam elas negras ou brancas, faz-se importante, pois vivemos numa sociedade racializada e nossa subjetividade é produzida sob essa lógica. Nesta sociedade racializada, quando pensamos na cultura material da infância, é recente encontrarmos produtos/artefatos como livros de literatura infantil contendo personagens negros e/ou trabalhando a temática étnico-racial, e poucas ofertas de brinquedos como bonecas e bonecos negros.

Em pesquisa realizada pela Organização Avante-Educação e Mobilização Social no ano de 2020, apoiada em seu projeto denominado Cadê Nossa Boneca?, identificou-se que apenas 6% de bonecos(as) fabricados pelas principais marcas no Brasil ligados à Associação Brasileira de Fabricantes de Brinquedos (Abrinq) eram negros.

Da mesma forma, quando pensamos nos livros de literatura infantil, na pesquisa realizada por Camilo (2022, p. 78), pudemos verificar que "houve um crescente de produções lançadas entre o final da década dos anos oitenta e noventa. Entretanto, o mercado demonstra ter se consolidado a partir dos anos 2000". Essa informação é extremamente relevante, ao considerarmos como contexto a aprovação da Lei 10.639/2003 e as Diretrizes de 2004, que enormemente contribuíram para esse "*boom*" no mercado editorial com obras contendo personagens negros e/ou trabalhando em seus enredos a temática étnico-racial.

Figura 4 – Livros que contribuem para a educação das relações étnico-raciais

Fonte: a autora

Esses artefatos que compõem a cultura material da infância podem ser compreendidos como elementos mediadores de construção da cultura simbólica nas culturas de pares, pois contribuem para o desenvolvimento de ideias, opiniões, crenças e valores sobre os diversos grupos étnico-raciais, o que influenciará diretamente as formas de socialização entre as crianças negras e brancas.

O movimento que as crianças fazem de interpretação do mundo adulto se levaria a cabo por meio de duas atividades realizadas pelas crianças que dizem respeito ao brincar e ao desenho infantil, pois ambos nos dariam pistas sobre seus modos de entendimento e de criação do mundo que as rodeia, bem como as formas que utilizam para dele se apropriarem.

O brincar é algo associado exclusivamente às crianças, por ser considerado o oposto do trabalho; da mesma forma que a cultura sempre foi vista como algo pertencente ao adulto e as crianças seriam apenas meras reprodutoras dessa cultura. No entanto, a cultura que aparece nas brincadeiras e nos desenhos das crianças representa o modo como se relacionam com o mundo.

Pode-se dizer que há uma forma quase que universal para o desenvolvimento de certas brincadeiras, um padrão lúdico, mas existem variações quando consideramos os aspectos sociais, étnicos, de gênero, regionais. Neste sentido,

> [...] o jogo simbólico, desenvolvido pela criança desde as suas experiências primordiais e progressivamente inserido nas interações grupais e construído coletivamente pelos pares, insere-se na experiência de vida e favorece a sua apreensão do mundo. (Sarmento, 2005, p. 15).

A criança possui uma capacidade de adaptação dos objetos às suas brincadeiras e, para isso, usa sua imaginação, fantasia e criatividade. O objeto utilizado na brincadeira não perde suas características, mas é transformado e ressignificado pelo imaginário infantil. As crianças, ao brincarem, reproduzem e constroem relações de gênero, relações étnico-raciais, relações de poder, pois ser menina e menino, branco ou negro, é algo aprendido e produzido culturalmente.

Figura 5 – Materiais para o trabalho da educação das relações étnico-raciais

Fonte: a autora

De acordo com Brougère (2008, p. 63), o brinquedo "pode ser considerado uma mídia que transmite à criança certos conteúdos simbólicos, imagens e representações produzidas pela sociedade que a cerca". Assim, artefatos infantis como livros e brinquedos carregam em si uma representação de criança, já que produzidos por um adulto.

Assim, é preciso nos atentarmos para as formas de colonialidade que esses artefatos podem trazer para a socialização das crianças. De acordo com Maldonado-Torres (2020, p. 36), a colonialidade é "uma lógica global de desumanização que é capaz de existir até mesmo na ausência de colônias formais". Assim, não nos é permitido esquecer os efeitos e os resquícios vividos pela prática da escravidão, pois isso criou a ideia poderosa de uma supremacia racial branca (a branquitude), que gerou um grupo socialmente privilegiado e que, consequentemente, possui um privilégio epistêmico que nos ensina com base em uma única visão de mundo.

Contribuindo com esta reflexão, apresento uma citação retirada da epígrafe de um texto de Patricia Hill Collins denominado "Epistemologia feminista negra", que diz assim:

> Uma menina e sua mãe passaram por uma estátua que retratava um homem europeu dominando um leão com as próprias mãos. A menina parou, olhou intrigada e disse: "Mamãe, alguma coisa está errada com esta estátua. Todo mundo sabe que um homem não seria capaz de dominar um leão". A mãe respondeu: "Mas querida, lembre-se de que foi o homem quem construiu a estátua". (Conforme relatado por Katie G. Cannon, 1985). (Collins, 2020, p. 139).

Assim, essa reflexão se organiza no sentido de pensar sobre a figura desse homem (este homem genérico/universal que representa a poucos) intersectado por questões de gênero, raça e classe e, consequentemente, sua relação com o conhecimento visto como válido/verdadeiro, bem como, com base nisso, a desqualificação dos demais conhecimentos dos grupos considerados marginalizados/excluídos, especificamente os negros. Desta forma, trata-se de uma epistemologia colonial-moderna-racista que leva ao apagamento de outras epistemologias, afirmando, assim, as contribuições de uma perspectiva decolonial para fazer essa reflexão.

Essas perspectivas produzidas na modernidade envolvendo a racialização e a normalização afetaram também o nosso modo de olhar para a infância. A produção da ideia de uma natureza infantil produzindo uma infância moderna, abstrata, universal, que desvaloriza os determinantes da estrutura social. Então, pergunto-me: para qual infância? E para qual criança?

Neste sentido, buscou-se empreender o esforço de pensar a infância apartada do pensamento moderno/dogmático e baseada numa concepção universal de criança, desconsiderando, assim, as suas diferenças. Historicamente e majoritariamente, nossas crianças interagiram e criaram suas culturas infantis valendo-se de artefatos que afirmavam a branquidade como fator constituinte de uma humanidade que tornava os desviantes dessa norma "outros".

Em contraposição a uma concepção uniforme/universal de infância, falamos em infâncias, no plural (James; James, 2004; Sarmento, 2005). A Sociologia da Infância busca entender a criança e a infância na contramão da:

> [...] tripla falácia: a visão de uma criança universal, que percorre as mesmas etapas do desenvolvimento e que cresce e se assume como sujeito independente do contexto social e cultural em que nasce; a referência ao contexto cultural europeu e norte- americano como espaço balizador dessa pretensa universalidade da criança; a postulação da ideia de que a infância não tem identidade autônoma, mas é a idade "natural" das crianças enquanto seres em transição para a idade adulta, sendo, deste modo, as crianças consideradas como seres em transição ("*becoming*") e não seres sociais autônomas e completos ("*being*"). (Sarmento, 2015, p. 32).

Essa tripla falácia se resume a uma criança e a uma infância universal, e, por isso, os estudos sociológicos e antropológicos ainda têm um caminho a percorrer, no que diz respeito à contribuição social desses estudos para que a criança seja reconhecida socialmente como sujeito ativo e pleno, e ao mesmo tempo considerando que existem diferentes realidades socioculturais, isto é, existem diferentes crianças, diferentes infâncias. Somente assim nossas crianças negras, indígenas, trans, ribeirinhas etc. também poderão ser consideradas.

Os Estudos Sociais da Infância contribuem para pensarmos a infância como categoria social e estrutural, que vem sendo historicamente construída, e as crianças como sujeitos ativos dessa categoria, que a afetam e por ela são afetados. Pensando nessa perspectiva, a criança é o sujeito ativo dessa categoria e, sobretudo, não deve ser normatizada, isto é, universalizada. Afinal, a universalização ou padronização exclui qualquer criança que não esteja de acordo com essas "normas" e deixa de lado qualquer e toda diversidade de experiências. A abordagem aqui apresentada defende a ideia de que cada criança em seu território é uma, vive sua vida construindo experiências que não são padronizadas.

Assim, reafirmamos a importância de que nossas crianças tenham acesso a livros de literatura infantil e bonecos(as) negros(as) que possam positivamente trazer elementos sobre os negros e a cultura afro-brasileira e africana. Com base nessas reflexões, o objetivo proposto nos levou a reafirmar a importância do trabalho com os aspectos materiais das culturas infantis, especificamente os brinquedos e os livros infantis, visando o trabalho com artefatos que fazem parte da infância e que podem potencializar a reeducação das relações étnico-raciais desde a educação infantil.

É urgente que a instituição educativa trate de outros grupos e outras culturas; é preciso positivar as diferenças principalmente por meio do brincar e das interações, que são os eixos do trabalho na educação infantil. Dahlberg, Moss e Pence (2003, p. 64) nos ensinam que a visão que temos da criança e da infância "determina as instituições que proporcionamos às crianças e o trabalho pedagógico que adultos e crianças realizam nessas instituições". Ou seja, nossa concepção de criança e infância é produtiva; assim, é preciso refletir sobre a concepção de criança e infância que nos permeia, pois estas se constituem em balizadores do nosso trabalho nas instituições de educação infantil.

Enquanto profissionais que atuam com crianças, precisamos nos perguntar: quais são as imagens de crianças negras, com deficiência, indígenas, asiáticas etc. presentes nas paredes da sua instituição? O espaço deve ser visto como um educador também, mas, para isso, preciso refletir sobre: como tenho organizado esse espaço? Quais materiais tenho disponibilizado para positivar as diferenças? O que disponibilizei para ser visto? O que colei nas paredes? Quantas bonecas/bonecos pretos tem na sua escola? Você já parou para observar como as crianças brincam ou não brincam com essas bonecas? Quantos/quais livros de literatura infantil você leu para seus bebês-crianças que trataram das diferenças e em que apareceram personagens negros? Quais projetos você desenvolveu com as crianças envolvendo a questão étnico-racial, exceto algum trabalho realizado envolvendo as datas de 13 de maio e 20 de novembro?

Os adultos precisam proporcionar esses momentos para as crianças, criar ambientes em que as crianças possam brincar e produzir suas culturas de pares. As crianças extraem do mundo dos adultos as ideias para criar suas brincadeiras, reproduzindo com mais criatividade e inovação o que elas absorvem do mundo em que vivem, e um adulto que se disponha a incentivar o uso da imaginação e da criatividade da criança estará possibilitando que ela viva sua infância, aprenda a lidar com as diferenças que nos compõem enquanto seres humanos, justificando a importância de possibilitar à criança acesso a variados tipos de brinquedos e materiais.

Assim, é preciso descolonizar o conhecimento retirando a marginalidade, a subalternidade e a subjugação dos saberes produzidos pelos homens e mulheres negras brasileiros, bem como as discussões sobre a África e a diáspora africana. Nesse sentido, Gomes (2020, p. 224) afirma que:

> Retomar autores e autoras negros brasileiros e estrangeiros, relembrar quais foram as lideranças negras que participaram das principais mudanças emancipatórias do mundo, das relevo às suas produções e conhecer as disputas acadêmicas de negras e negros no mundo da produção do conhecimento brasileiro no contexto da literatura decolonial latino-americana diz respeito a um percurso de ruptura epistemológica e política no sentido de descolonizar os currículos e o próprio campo do conhecimento.

A decolonialidade, dessa forma, nos leva a refletir sobre possibilidades de alteração da realidade enquanto um processo de resistência e que envolve as populações afrodiaspóricas e africanas, indígenas e terceiro-mundistas, de acordo com Bernardino- Costa, Maldonado-Torres e Grosfoguel (2020).

4

AS PRÁTICAS EDUCATIVAS E A QUESTÃO RACIAL NA CRECHE: REFLEXÕES SOBRE OS BEBÊS NEGROS COM BASE NO CONCEITO DE PAPARICAÇÃO

A questão racial apareceu nas práticas educativas ocorridas na creche a partir de situações que demonstravam um determinado "carinho", que optamos por chamar de "paparicação", por parte das professoras em relação a determinadas crianças. Destas, as negras estavam na maior parte do tempo "fora" e excluídas dessa prática.

O termo "paparicação" foi utilizado anteriormente por Ariès (1981, p. 158) quando o autor apresentou o surgimento de um novo sentimento da infância, em que "a criança por sua ingenuidade, gentileza e graça, se tornava uma fonte de distração e de relaxamento para o adulto". No entanto, era caracterizado pelo autor como "um sentimento superficial" que ocorria em seus primeiros anos de vida, e esse sentimento "*originariamente pertencera* às *mulheres, encarregadas de cuidar das crianças*". A passagem destas pela família era muito breve e insignificante, pois, se não morressem e sobrevivessem a esse período (da paparicação), logo passavam a viver em outra casa que não a de sua família (Ariès, 1981).

No caso da presente pesquisa, paparicação também assume o mesmo caráter superficial descrito por Ariès, que, na creche, correspondia a um tratamento diferenciado em relação às crianças, justamente por algumas ganharem essa paparicação e outras não. Situações que exemplificam tais práticas estão apresentadas da seguinte forma: na hora da chegada (o cumprimento), recusa ao contato físico, elogios pelo bom comportamento, e beleza física e a questão dos estereótipos em relação aos bebês negros.

Os bebês negros estavam, na maior parte do tempo, fora dessa prática da paparicação, em um processo de exclusão que está sendo entendido como ato de segregação, com base no recebimento de um carinho diferenciado, com menor paparicação. Isso também ocorria com alguns bebês brancos que não estavam entre os "preferidos". Vejamos:

— *Ganhar ou não o colo da professora.*

Situação 1: uma situação que ocorreu várias vezes quando algumas crianças chegavam chorando e não ganhavam colo — no entanto, com determinadas crianças, era diferente: M. (loira, 2 anos) chegou chorando, então Nice (professora branca) a pegou no colo até que ela parasse de chorar. Depois chegou P. (negro, 2 anos), também chorando, mas Nice sentou-se em uma cadeira e o colocou entre as pernas.

Situação 2: essa situação ocorreu da mesma forma, só que com outra professora, quando B. (negro) chegou chorando e Marli encostou-o em sua perna e disse para ele não chorar. Depois chegou L. (loira), também chorando, mas o procedimento foi outro: a professora a pegou no colo até que parasse de chorar.

Situação 3: durante a pesquisa, também pôde-se perceber que as meninas preferidas pelas professoras eram caracterizadas como "princesas" ou como "filhas", de acordo com os exemplos — as crianças vão chegando, mas a professora só beija L. (loira, 1 ano) e diz "oi, minha princesa". Num outro dia, no refeitório, a diretora também elogia essa mesma menina dizendo: "que linda você é". Várias vezes, no refeitório, quando todas as crianças se encontravam para fazer as refeições, sempre presenciava as professoras beijando algumas crianças: Marli (professora, branca) passa e beija G. e H. (ambas loiras) e diz: "não são lindas?" J. (negra, 3 anos), da mesma sala que as duas meninas citadas, estava sentada ao lado de G. (loira), no entanto passou despercebida aos olhos da professora.

Os dados mostraram que a creche funcionava por práticas educativas baseadas em uma micropenalidade do corpo, num todo social homogêneo:

— *Um corpo negro tende a ser rejeitado segundo uma norma de negação do diferente em relação ao modelo estético de beleza e saúde convencionalmente estipulado como "padrão" a ser seguido*. Vejamos...

Situação 1: durante o tempo em que ocorreu a coleta de dados na creche, foi possível perceber que as professoras beijavam somente determinadas crianças. Na chegada das crianças no período da manhã, de 12 bebês (8 brancos e 5 negros), a professora beijava 7, sendo que, deste total, apenas 2 bebês eram negros (num total de 5 na sala dos bebês de 1 ano).

Situação 2: quando I. (branco, 1 ano) chegava, era sempre recebido com beijos e ouvia "ai, que lindo", da mesma forma que J. V. (branco, 1 ano): "olha o J., ele não é lindo? É lindo e não me dá um pingo de trabalho".

Situação 3: outra situação ocorreu quando estávamos no parque e algumas crianças da sala de 2 anos andavam de velotrol. No entanto, como os brinquedos não são em número suficiente para todos, havia sempre alguém chorando. Então Nice (professora) disse para J. A. (loiro) deixar R. (negro) dar uma volta. Aquele se levantou e passou o velotrol. A professora disse: "esse menino é uma gracinha. É o homenzinho da tia". J. A. sorri e sai.

— *Um corpo negro gordo destituído de algumas brincadeiras com a professora, devido ao seu peso, e também considerado causa de problemas na coluna*. Vejamos...

Situação 1: um certo dia, no parque, Nice (professora das crianças de 2 anos) pegou V. (negro) e o colocou dentro de uma caixa de papelão. Em seguida, B. (negro) também quis entrar. Ela o pegou e disse: "nossa, eu não aguento, que menino pesado", e deixou-o no chão, sem colocá-lo dentro da caixa. Marli (professora das crianças de 1 ano) disse: "ele é que acaba com a minha coluna".

Situação 2: no berçário, Rute (professora) estava brincando com N. (branca) e V. H. (branco) de suspendê-los, quando W. (negro) se dirigiu até ela, demonstrando também querer brincar da mesma forma. Rute disse: "você não, você é muito pesado".

— *Um corpo negro suado tende a ser rejeitado, pois o suor tem algo que pode ser associado ao ato de misturar, de trocar, no qual "um" lança de si odores e vapores que acabam fazendo do outro também "um", pela umidade que passa para os dois corpos, como se um contaminasse o outro com o que tem de mais particular — no caso do negro, sua negritude. Além da questão* do corpo, o cheiro faz *parte de uma cuidadosa construção racista sobre o que é um corpo esteticamente aceitável, em que ao negro cabe uma concepção depreciativa do corpo.* Vejamos...

Marli (professora das crianças de 1 ano) fez o seguinte comentário: "olha como o D. (negro) fica suado no sol". Depois de algum tempo, após ter se referido ao suor do menino, este vem até Marli, que estava sentada no chão, e tenta abraçá-la, mas, quando foi encostar em seu rosto, ela disse: "nossa, você está todo suado". Ela sempre enfatizava a questão de D. (negro) ficar suado quando permanecia sob o sol.

— *Estereótipos*

Estereótipo 1: a associação do negro ao samba. Marli (professora/branca) em várias situações começava a cantar um samba e dizia para D. (negro/1 ano) dançar. Ela só se referia a D., e cantava: "*samba, D., samba, D.*" Outro dia, o rádio estava ligado, mas as músicas que estavam tocando não tinham nada a ver com samba; mesmo assim, ela cantava o sambinha de sempre e dizia para o menino sambar.

Estereótipo 2: a identidade do sujeito negro passa a ser sua cor. Outra forma de Marli se referir a D. (negro) era "negão" ou "neguinho". Em outra ocasião, Marli brincava de fazer cócegas em D. (negro/1 ano) e o chamava de "*neguinho gostoso*", em seguida foi brincar da mesma forma com I. (branco) e dizia: "*cadê meu branquinho lindo?*"

Estereótipo 3: sobre o homem negro, sua sexualidade e preferência por mulheres brancas/loiras. Dulce (professora/branca) trouxe duas bonecas tipo "Barbie" que estavam na sala dos bebês; quando Marli viu as bonecas, ela me chamou e disse para que eu observasse o que iria acontecer. Ela pegou as bonecas e disse: "*D.* [negro/1 ano], *olha as loiras*", e imediatamente D. estende a mão para pegar as bonecas. Então Marli diz: "*ele adora uma loira,* não *pode ver* [risos]". Depois ela pergunta: "*elas são bonitas?*", ele responde que sim.

Estereótipo 4: negro lambão. Uma outra forma que também classifiquei como pejorativa foi a maneira como as professoras se referiam ao modo que R. (negro/2 anos) comia. Nice (professora/branca), responsável pelas crianças de 2 anos, diz para R: "*ai, R., que lambança você faz para comer*". E vem me dizer que R. (negro), além de querer ficar comendo com a mão, ainda come rápido e faz a maior lambreca. Numa outra ocasião, no refeitório, Marli (professora/branca), responsável pelas crianças de 1 ano, veio me dizer com a maior cara de nojo: "*olha o jeito que o R. come. Nossa!*" J. (loiro/2 anos) também fazia a maior bagunça para comer, no entanto Nice (professora/branca) só dizia: "*não pode derrubar a comida assim*". Este menino, citado anteriormente, era chamado de "loiro" por todos na creche, tanto que, quando cheguei, perguntei o nome dele para as crianças da sala, pois ele ainda não falava, e as crianças disseram "loiro", Nice (professora) então disse: "o nome dele é J., mas nós só chamamos ele de 'loiro'".

Estereótipo 5: negro travesso. Outro estereótipo também corrente na creche é de que as travessuras sempre estavam associadas às crianças negras, pois elas eram as "vilãs" da história. Na creche, em toda sala, havia um "furacão". O "furacão" pode ser conceituado, de acordo com as professoras, como "um menino bastante terrível, que se movimenta o tempo inteiro, que estraga as brincadeiras, que também bate nos colegas", ou seja, o vilão da sala, com o seguinte detalhe: ele é negro. Toda sala tinha um "furacão negro". Antes de conhecer V. (negro/1 ano), Marli (professora/branca) responsável pelas crianças de 1 ano, já havia mencionado a forma como o menino se comportava, concluindo que ele é terrível.

Situação 1: quando V. (negro) chegou, passados alguns minutos, ele começou a arrastar os berços, a professora ficou brava com ele, que imediatamente saiu e procurou outra coisa para se divertir. Faço o seguinte comentário: "nossa, ele consegue arrastar os berços", e Marli diz: "*você não sabe do que ele é capaz, ele é terrível*".

Situação 2: durante qualquer refeição no refeitório, V. (negro) era posto no cadeirão, pois, de acordo com Marli, "*ele não dá sossego*". Diante dessa situação, comecei a observar que I. (branco/1 ano) não fazia nada de menos terrível que V. (negro), no entanto o tratamento recebido diante de suas travessuras diferia do empregado a V. (negro). As travessuras realizadas pelos dois eram as mesmas: empurrar berços, subir em cima da mesa, arrastar as cadeiras, bater nos colegas etc. No entanto, o diferencial entre eles era a cor.

Dulce (professora/branca) costumava chamar V. (negro) de "zup trup". Perguntei o que significava, e ela disse que "é no *sentido de terremoto, que destrói tudo*".

Situação 3: certo dia, durante o almoço, Marli veio me dizer que o I. (branco/1 ano) não parava quieto durante o almoço, que ele só quer andar pelo refeitório. Então, aproveitei para fazer o seguinte comentário e ver a reação de Marli: "até que o V. (negro) ficou bem-comportado hoje. Se o I. (branco) não ficar quieto, daqui a pouco ele tem que ficar no cadeirão". Então, ela comenta: "*até que V. ficou quieto*". E, em relação a I. (branco), ela disse: "*se ele continuar andando sem parar aí,* não vai ter jeito". Interpretei esta frase da seguinte maneira: o I. (branco) não para quieto, no entanto todo dia Marli dá uma chance para ver se ele se comporta, ou seja, ela vai protelando essa situação ao máximo — ao contrário de V. (negro), que não tem nenhuma chance de mostrar que está mais comportado, pois, independentemente de qualquer coisa, ele vai para o cadeirão.

Situação 4: em outra ocasião, estávamos no refeitório e V. (negro) estava sentado à mesa com as outras crianças, aliás, coisa rara de se ver; no entanto, antes de o menino terminar de comer, Marli o colocou no cadeirão. Não entendi o motivo, pois ele estava comportado, ao contrário de I. (branco), que tirou o tênis e o jogou em cima da mesa, em seguida se levantou e correu pelo refeitório. Marli foi atrás dele e só disse para ele ficar quieto. Diante da situação, Raquel (professora/negra) veio e sentou-se ao lado de I. (branco) dizendo: "*vamos ficar quieto. Que negócio é esse de ficar correndo? Não deixa eu ficar brava*" — só assim, para ele ficar sentado. Marli nem cogitava a possibilidade de colocá-lo no cadeirão. E o cadeirão era uma forma de castigar as crianças pelos seus atos, mas I. (branco) estava sempre livre de tal castigo, parecendo ser uma questão de pele diante desse tratamento diferenciado.

Situação 5: na sala das crianças de 2 anos, ocorre a mesma situação. Nice, logo no início quando cheguei à creche, veio me dizer que R. (negro) é impossível: "*o R. não tem limites*". Percebi também que R. (negro) não estava na lista dos preferidos de Marli (responsável pelas crianças de 1 ano), pois, no dia em que Nice faltou, Marli a substituiu. Então, num certo momento em que todos estavam folheando algumas revistas, R. (negro) estava embaixo da mesa quietinho. Marli, quando percebe sua ausência e o encontrou embaixo da mesa, ficou brava com ele e me disse: "*esse menino não tem limite, ele é um furacão, desde o berçário, ele nunca se interessou por nada e continua do mesmo jeito*".

Situação 6: outro dia, no refeitório, Nice estava saindo com suas crianças, e Dulce fez o seguinte comentário: "*acho que o R.* [negro] *está mais quieto*". Nice diz: "*ele está é cada vez pior*. E Marli completa: "*esse* aí não *tem jeito, diz que na casa dele é pior ainda*".

Situação 7: até no berçário tem um furacão negro. Quando cheguei à sala pela primeira vez, Rute (professora/branca) veio me dizer que W. (negro) "é um furacão*, ele não para quieto e fica tentando se apoiar em tudo para ficar em pé*". Num certo dia, W. (negro) estava se apoiando no carrinho em que N. (branca) estava dormindo; então Dirce (professora/branca) foi até lá e o retirou de perto do carrinho, só que em seguida ele voltou a se apoiar no carrinho. Dirce disse então: "*você não vai parar? Então vai ficar aqui um pouco*", e colocou-o de castigo em um berço (aqui o berço concretamente se caracterizou como prisão, cujo objetivo era tolher os movimentos da criança). Até os movimentos parecem ser proibidos.

Situação 8: a situação se repetiu com V. H. (branco), que também estava se apoiando no carrinho em que L. (branca) estava dormindo, e Dirce se aproximou dele dizendo em tom de brincadeira: "*ah, ah, ah,* não *pode subir*". Ela sorri para V. H. e o coloca no tapete. Aqui também parece sinalizar-se um tratamento diferenciado para brancos e negros, considerando que, em relação à criança branca, a professora amenizou suas ações, em contraposição a sua atitude com W. (negro).

Estereótipo 6: aquele que estraga as brincadeiras.

Situação 1: I. (loira/1 ano) estava brincando com o fogãozinho e Marli (professora) veio me dizer: "você viu que linda a I.? Ela brinca que é uma gracinha". Em seguida V. (negro/1 ano) se dirigiu até o fogão e Marli fez o seguinte comentário: "*acabou a brincadeira da I.*" — V. (negro) chega e começa a pegar as panelinhas, I. reclama, então Marli vai até lá e diz: "deixa ela brincar, vai para lá". Ela me diz "*ele estraga tudo*", dirige a ele novamente e retoma: "*se* não *parar, você vai para o berço, negruço*".

Situação 2: no berçário a cena foi semelhante. N. (branca) e V. H. (loiro) estavam brincando na cabaninha com bolinhas, W. (negro) estava no tapete e também resolveu ir até lá, então Rute disse: "*acabou a brincadeira*". Ou seja, só porque W. (negro) se dirigiu para onde as outras crianças estavam, isso já significaria o fim da brincadeira.

A partir da apresentação dos dados, passo agora para a análise das práticas educativas ocorridas na creche em relação à questão racial procurando apreender as suas manifestações nas diversas práticas discursivas (baseadas em enunciados científicos, concepções pedagógicas e filosóficas, princípios religiosos, literários) e não discursivas (técnicas físicas de controle corporal, regulamentos de controle do tempo dos indivíduos ou instituições, técnicas de organização arquitetônica) que se articulam e se combinam e nos subjetivam.

As práticas discursivas e não discursivas, segundo Foucault (1987), são lidas, analisadas e entendidas enquanto práticas de poder. As práticas de poder, que são práticas de subjetivação, atuam sob o princípio da individualização, pois segmentam uma massa humana, informe, em unidades individuais, alcançáveis e controláveis.

Por isso, os indivíduos são classificados da seguinte maneira, segundo Foucault (1987, p. 125):

> [...] cada aluno segundo sua idade, seus desempenhos, seu comportamento, ocupa ora uma fila, ora outra; ele se desloca o tempo todo numa série de casas; umas ideais, que marcam uma hierarquia do saber ou das capacidades, outras devendo traduzir materialmente no espaço da classe ou do colégio essa repartição de valores ou méritos.

Assim, o poder disciplinar age valendo-se de uma anatomia política do corpo segundo o princípio da norma. De acordo com Foucault (2002b, p. 88), o século XIX assistiu à invasão progressiva do espaço da lei pela tecnologia da norma ditando "o que é normal ou não, correto ou não, do que se deve ou não fazer, determinando se o indivíduo se conduz ou não como deve, conforme ou não à regra".

Segundo Costa (1983, p. 50), a norma, diferentemente da lei, que se configura como um poder essencialmente punitivo, coercitivo, tendo como mecanismo fundamental a repressão, embora possa incluir em sua tática também o momento repressivo, visa prioritariamente prevenir, tendo a regulação como mecanismo de controle que estimula, incentiva, extrai ou exalta comportamentos e sentimentos tidos como aceitáveis.

> Pela regulação os indivíduos são adaptados à ordem do poder não apenas pela abolição das condutas inaceitáveis, mas, sobretudo, pela produção de novas características corporais, sentimentais e sociais (Costa, 1983, p. 50).

Para Veiga-Neto (2003, p. 90), a norma

> [...] é o elemento que, ao mesmo tempo em que individualiza, remete ao conjunto dos indivíduos; por isso, ela permite a comparação entre eles. E ao se fazer isso, chama-se de anormal aquele cuja diferença em relação à maioria se convencionou ser excessivo, insuportável.

Diante disso, tal diferença passa a ser considerada um desvio.

Dessa forma, há uma atualização "moderna" desses princípios e uma capilaridade nas práticas educativas que refazem constantemente essa lógica normativa, que é, sobretudo, racista e discriminatória. São crianças diante de adultos que têm o poder de mando, de recompensa, de castigo, de classificação, ou seja, é uma relação de poder que se exerce por meio das práticas ocorridas diariamente e que atuam no corpo e nos desejos. De acordo com Foucault (1987), o poder é uma prática social constituída historicamente e que intervém materialmente, atingindo a realidade mais concreta dos indivíduos: o corpo.

Os dados coletados na creche mostraram que havia uma certa comparação/classificação entre as crianças, pois a questão racial apareceu na relação das professoras com os bebês negros com base na exclusão das práticas que denominamos de paparicação e que ocorriam com determinados bebês — entre estes, os negros estavam na maior parte do tempo "fora" dessa prática, considerando as seguintes situações descritas anteriormente: recusa ao contato físico em determinados momentos, o recebimento de elogios relacionados a beleza e "bom comportamento", e os estereótipos presentes na relação professora/criança negra.

No entanto, as práticas educativas descritas anteriormente, apesar de se referirem às crianças negras em específico e que poderiam ser analisadas somente sob o critério racial, não são semelhantes, pois, como foi descrito anteriormente, o poder disciplinar atua sobre os corpos valendo-se de uma individualização; as práticas em relação à criança negra, à criança negra gorda e à criança negra suada diferem umas das outras, já que, em determinado momento, cada criança ocupava ora uma posição, ora outra, conforme as classificações: tinha a criança bonita, a criança educada, o furacão, o gordo que não podia participar de determinadas brincadeiras, o lambão etc.

Por meio das disciplinas, aparece o poder da norma; segundo Foucault (1987, p. 153),

> [...] as marcas que significavam status, privilégios, filiações, tendem a ser substituídas ou pelo menos acrescidas de um conjunto de graus de normalidade, que são sinais de filiação a um corpo social homogêneo, mas que têm em si mesmas um papel de classificação, de hierarquização e de distribuição de lugares. Em certo sentido, o poder de regulamentação obriga à homogeneidade; mas individualiza, permitindo medir os desvios, determinar os níveis, fixar as especialidades e tornar úteis as diferenças, ajustando-as umas às outras.

Assim, os dados mostraram que a creche funcionava valendo-se de práticas educativas baseadas em toda uma micropenalidade do corpo e num todo social homogêneo:

- Um corpo negro tende a ser rejeitado segundo uma norma de negação do diferente em relação ao modelo estético de beleza e saúde convencionalmente estipulado como "padrão" a ser seguido;

- Um corpo negro gordo destituído de algumas brincadeiras com a professora, devido ao seu peso e também considerado causa de problemas na coluna;

- Um corpo negro suado que tende a ser rejeitado, pois o suor tem algo que pode ser associado ao ato de misturar, de trocar, no qual "um" lança de si odores, vapores, que acabam fazendo do outro também "um", pela umidade que perpassa os dois corpos, como se um contaminasse o outro com o que tem de mais particular — no caso do negro, sua negritude.

Assim, as crianças que eram classificadas segundo um "desvio" da norma tinham o poder de fazer *fugir*, fazer *vazar* os modelos de comportamento, de estética, de modos de ser utilizados no tratamento diário da creche, com base nos quais todos os outros eram avaliados e validados ou não.

Dessa forma, de acordo com Veiga-Neto (2003, p. 90), "a norma é saturante, ou seja, ela não admite exterior, fazendo de todos um caso seu: normal ou anormal". E a criança nessa relação com o adulto está submetida a um tipo de relacionamento baseado na dependência e submissão das primeiras em relação às últimas.

Os apelidos, que também eram uma constante no dia a dia da creche, expressavam um processo de comunicação no qual a linguagem era utilizada para classificar as crianças que de alguma forma se desviavam da *norma*, como mostram os exemplos:

- L. (negro/1 ano), por causa de seu tamanho, tinha os seguintes apelidos: "esquilo", "espirro de gente" e "coisa miúda";

- B. (negro/1 ano), devido ao seu peso, era chamado de "bolo fofo" e "batatão";
- V. (negro/1 ano) era chamado de "zup trup", que, segundo as professoras, significava "terremoto", "furacão";
- M. (negro/3 anos) tinha como apelido "periquito";
- P. R. (negro/2 anos) era chamado de "Amado Batista". As professoras diziam: "*ele está mais para Amado Batista do que para Paulo Ricardo*";
- R. (branco/3 anos), por causa do seu peso, era chamado de "Faustão";
- P. (branca/3 anos) tinha o apelido de "taturana", em razão das sobrancelhas grossas;
- H. (branca/3 anos) era chamada de "loira do banheiro", porque sempre era a última a sair do banheiro;
- G. (branca/3 anos) era chamada de "lambisgoia", por causa de sua estrutura física, muito magra.

De acordo com Silva (1995, p. 57), o apelido é um contexto de fala em que as mensagens verbais expressam a tentativa de domínio de uma pessoa sobre a outra. As crianças eram chamadas por seus respectivos apelidos em sua presença; e, na sala das crianças de 3 anos, estas já chamavam seus colegas por esses apelidos conferidos pela professora responsável por eles.

No entanto, quando as professoras chamavam as crianças por meio de apelidos, estas também, de forma simultânea, se desqualificavam, pois, a partir do momento em que cuidavam de "esquilos", "batatões", "taturanas", "lambisgoias", elas também se miniaturizavam diante de suas próprias práticas que faziam das crianças "seres menores", no sentido de hierarquicamente inferiores, dependentes e subalternos.

Isso é o que Silveira (2001) denominou em sua pesquisa de "apequenização" das crianças, ao constatar que existe um processo que transforma a criança em algo pequeno ou menor, sem importância e infantilizado. A autora ainda concluiu que as profissionais também eram marcadas pela noção de pequeno, ou seja, a professora produz (por meio de sua prática) e sofre (por ser considerada uma profissional que pertence a uma "subordem") essa apequenização.

São crianças diante de adultos que têm o poder de mando, de recompensa, de castigo, de classificação, ou seja, é uma relação de poder que se exerce por meio das práticas ocorridas diariamente e que atuam no corpo e nos desejos. De acordo com Foucault (1987), o poder é uma prática social constituída historicamente e que intervém materialmente atingindo a realidade mais concreta dos indivíduos, o seu corpo.

No entanto, essas crianças que de alguma forma eram "excluídas" do "carinho" das professoras, por não interessarem tanto a elas quanto determinadas crianças, poderiam ficar livres de determinadas práticas educativas baseadas numa relação entre professora/criança na qual a "paparicação" era o eixo central. Isso pode parecer negativo, mas não é, pois o âmbito relacional também é um aparelho de captura e controle; por isso, é preciso ver a positividade de estar fora dessa prática. Assim, as crianças negras estavam "excluídas" de serem tratadas como bibelôs, bonecas, estando livres desse afeto inibidor, fraternal e familiar que asfixia e aprisiona.

O problema é o que as pessoas e a sociedade fazem com isso, pois, se você está fora, então, pelo sentido que geralmente se dá às coisas, você deveria ser triste, sentir-se mal-amado, rejeitado, e isso acaba se transformando em carências fabricadas. Durante as entrevistas realizadas com as professoras, estas, quando questionadas sobre o que a creche oferecia para as crianças, de forma geral, apresentaram como resposta o cuidar (relacionado a banho e alimentação) e também a questão do carinho (paparicação) como sendo eixo da relação de trabalho entre adulto e criança, ou seja, cria-se um imaginário da criança pobre como aquela que precisa da "paparicação", visando suprir carências afetivas e materiais, como podemos verificar pelas falas a seguir.

Respostas mais frequentes:

a. *Atenção, carinho, alimentação, higiene*: 83,6%;

b. *A creche oferece o cuidado, mas também a parte pedagógica*: 16,4%.

De acordo com o que as professoras disseram a respeito do que a creche oferece para as crianças, podemos perceber também a forma como as famílias são vistas por elas. A partir dos dados, podemos concluir que as famílias e as crianças são "povos faltantes", ou seja, que tudo falta para as crianças, devido ao pouco tempo dos pais, porque trabalham ou mesmo por negligência da parte de alguns.

Em entrevista, a diretora da creche disse o seguinte a respeito das crianças:

> [...] *o cuidar e o educar têm que andar juntos e estar buscando uma autonomia maior dessas crianças, porque, independente do meio social onde eles estão inseridos, a autonomia deles eu acho que é imprescindível, para que eles aprendam realmente a conhecer, a se cuidar sozinho e não ficar dependente, uma da mãe que trabalha o tempo todo fora, outro da mãe que não quer dispensar seu tempo a ele.*

As falas evidenciaram uma ênfase das professoras e da própria diretora na "carência afetiva" e "carência material", ou seja, lidam com uma "criança carente" que deve ter na creche o que as profissionais supõem que não encontram em casa e, com isto, estabelecem uma relação na qual a paparicação é seu eixo central.

Com a ideia de "compensar carências", ainda presente como um ranço do assistencialismo, como consequência disso, temos uma instituição também produtora de carência que ao mesmo tempo se torna provedora dessa falta.

A creche estaria esvaziando-se do seu caráter público e político[4] e tornando-se cada vez mais privada, fraterna e doméstica). No entanto, a fraternidade suprime a distância entre os homens e transforma a diversidade em singularidade, anulando a pluralidade, pois a fraternidade supõe a condição de irmãos entre os homens, ou seja, cria uma situação identificatória, de igualdade, tendo como modelo de organização a família e o parentesco, adquirindo um caráter altamente discriminatório — quando não há essa "identificação" nessa relação entre os "iguais", ou seja, quando o "outro" não é uma cópia de mim, como era o caso da creche. Pois foi possível verificar, pelos dados, que essa "identificação" não ocorria na relação das professoras com todas as crianças, como era o caso das crianças negras, então há uma redução do outro ao mesmo, constituindo-se em práticas de exclusão e supressão de toda forma de diferença/alteridade e, ao mesmo tempo, assemelhando-se, segundo Ortega (2000, p. 72), às estratégias políticas nacionalistas, xenófobas, chauvinistas e racistas. Isso é o resultado da busca pela "segurança" em relação a tudo que temos; por isso, exclui-se o que é desconhecido, o que causa estranheza, o que não nos é próximo e familiar, aquilo/aqueles com que não nos identificamos.

Estas crianças que de alguma forma não estavam entre os "preferidos", e que consequentemente estavam "fora" da prática da paparicação, tinham a possibilidade de escapar ao controle produzido pelo âmbito relacional e se transformar em outra coisa diferente do modelo homogeneizante, pois, de acordo com Deleuze (1992 *apud* Jódar; Gómez, 2002, p. 32),

---

[4] O conceito de "político" está sendo entendido segundo Arendt, enquanto espaço público, espaço do agir humano; por isso, ela não liga o espaço público ao Estado, pois não haveria nenhum local privilegiado para a ação política, isto é, existiriam múltiplas possibilidades de ação, sem, contudo, necessitar de um suporte institucional (Ortega, 2000, p. 23).

> [...] se os nômades nos interessam tanto, é porque são um *devir*, e *não fazem parte da história*; *estão excluídos dela*, mas se *metamorfoseiam* para reaparecerem de outro modo, sob formas inesperadas nas linhas de fuga de um campo social.

No entanto, apesar das preferências das profissionais por algumas crianças, quando questionadas a respeito da consideração ou não da questão racial e das diferenças de um modo geral no desenvolvimento do seu trabalho, as professoras mostraram, em resposta, que trabalham como se não houvesse diferença, e esta é a perspectiva de trabalho com o diferente que geralmente a instituição escolar utiliza, como mostraram as falas a seguir.

Resposta mais frequente:

a. *São todos iguais*: 100%.

No entanto, esse discurso da igualdade traz consigo algumas consequências:

- De acordo com Gonçalves (1987, p. 29), "à medida que os agentes pedagógicos não reconhecem o direito da diferença, acabam mutilando a particularidade cultural de um segmento importante da população brasileira";

- A afirmação de que "todos são iguais" encaminha-se na tentativa de homogeneização das crianças.

As profissionais trabalhavam como se não houvesse diferenças, valendo-se de um discurso da igualdade entre as crianças, apesar de ocorrerem práticas ostensivas de diferenciação, principalmente de caráter racial e estético.

Esse discurso da igualdade tenta construir uma equidade entre os alunos com base em uma quimérica democracia racial e numa ideia de que o preconceito existente se refere à questão de classe social, e não à cor da pele ou raça. Ideia oriunda das obras de Gilberto Freyre, que afirmava haver uma convivência cordial, harmônica e *fraterna* entre negros e brancos no Brasil. Segundo Ortega (2000, p. 65),

> [...] a estratégia discursiva contida na proclamação de uma fraternidade universal ("todos são irmãos") conduz amiúde a negar o status de humanidade aos indivíduos não pertencentes à mesma raça, nação ou religião, dando lugar à seguinte afirmação pseudo-universal: "somente meus irmãos são homens, os demais animais ou feras.

Pois, para poder atingir um status de universalidade, a fraternidade deve ser, em primeiro lugar, particular, exemplar; isto é, europeia e masculina.

De acordo com Hofbauer (1999, p. 220) na concepção de Freyre, "os pilares da Igreja Católica e da família patriarcal do engenho fizeram com que as relações entre as três raças e/ou culturas do Brasil apresentassem uma convivência harmoniosa". O que levava Freyre a ver a miscigenação de forma positiva, pois "é vista como uma espécie de 'ponte' capaz de ligar e superar as diferenças entre as raças (culturas) e serve, ao mesmo tempo, como prova da suposta harmonia racial no país". Ideia que sobrevive como um ranço na nossa sociedade, conforme pôde ser verificado nas falas das entrevistadas.

Mas é preciso ressaltar ainda que as professoras também são subjetivadas segundo um modelo de políticas públicas e de formação excludente de entender e pensar as diferenças, já que, segundo Kohan (2002, p. 128),

> [...] há um pensar politicamente homogeneizante, unificador, universalizante. Pensamos como as maiorias, seguindo modelos, para conformar e não para afirmar uma singularidade e também educamos para um pensar majoritário, a-singular, negador do múltiplo.

Diante disso, na creche havia uma essencialização das diferenças que levava às classificações das crianças somente segundo os binarismos branco ou preto, tendo o predomínio do primeiro para avaliar e validar os demais, e caracterizando as diferenças como desvio.

Assim, de acordo com Hall (2003, p. 345), sob uma nova lógica de entender as diferenças, ele utiliza Paul Gilroy para recusar o binário *negro ou britânico*, sugerindo a troca do *ou* pelo *e*, já que, no primeiro caso, permanece um local de contestação constante; e, no segundo caso, a lógica do acoplamento vem substituir a lógica da oposição binária.

Neste ponto, entramos na discussão que diz respeito ao entendimento da identidade; para Hall (2003, p. 345), a conjunção *e* nos possibilita não esgotar todas as nossas identidades, já que você pode ser, segundo o autor, negro *e* britânico, ou seja, a natureza intrinsecamente hibridizada de toda identidade. Gilroy (2001) também entende a identidade como um *mesmo mutável*.

Dessa forma, as profissionais ainda não incorporaram em seu trabalho cotidiano o discurso das diferenças não como desvio, mas como algo enriquecedor de sua prática e das relações entre as crianças, possibilitando desde cedo o enfrentamento de práticas de racismo e a construção de posturas mais abertas às diferenças e, consequentemente, a construção de uma sociedade plural.

Esta seria uma postura que reclamaria novos afetos, uma nova forma de se relacionar com o diferente, com o estrangeiro, ou seja, com a diversidade, com o outro que não é mais um "mesmo" de mim.

O espaço público, como é o caso da creche, precisa dessa nova postura para que o familiar, o fraterno, ceda lugar ao que é estranho, diferente, diverso. Para que as relações estabelecidas não se fechem ao desconhecido e só fique buscando o que é semelhante, o que gera identificação, ou seja, os "pares", pois é no espaço público, na relação com o outro, que constituímos nossa subjetividade, nossas diferenças.

Para finalizar, apresento um capítulo-síntese dos dados principais da pesquisa que nos levaram a pensar em uma pedagogia da educação infantil para além da paparicação, da falta e do discurso igualitário, pautada na infância enquanto experiência propulsora da educação.

CONSIDERAÇÕES FINAIS: O DIREITO DOS BEBÊS NEGROS A UMA EDUCAÇÃO INFANTIL QUE RESPEITE AS DIFERENÇAS

A educação infantil é um direito fundamental de toda criança, e é nessa linha de pensarmos sobre esse direito que começo, refletindo sobre a comemoração dos 30 anos do Estatuto da Criança e do Adolescente (ECA), que se constituiu num importante instrumento para a garantia dos direitos das crianças em nosso país, ao menos na existência de tal lei, pois sabemos que ainda há muitas crianças, especificamente as negras e pobres, que continuam invisibilizadas no campo dos direitos.

A creche ainda não é um direito reservado a todas as nossas crianças; não é possível exercer esse direito porque não há vagas para todas, por exemplo. Quando refletimos sobre essa não garantia de muitos dos direitos das crianças, é preciso fazer essa reflexão considerando como as questões etárias e de raça, bem como classe e gênero, são marcadores sociais de diferença e constituem-se em categorias de articulação e de interseccionalidades.

Estes fatores criam experiências distintas, pois "determinam a forma e intensidade com que os indivíduos serão discriminados, explorados e oprimidos" (hooks, 2019, p. 48). Assim, considera-se que as identidades são forjadas conforme diferentes tipos de opressões que assolam as mulheres que vivem diferentes experiências de vida, em razão de estarmos numa sociedade sexista, racista, classista, patriarcal.

Essa experiência de vivência da infância por muitas de nossas crianças negras, como vêm nos apontando as pesquisas, passa por situações de racismo e preconceito, ainda muito presentes em nossas instituições educativas, a começar pela educação infantil.

Por meio da análise da rotina dos bebês negros já descrita em capítulos anteriores, verificou-se que a questão racial era um elemento central, ao lado da questão de gênero, e faziam-se presentes nas práticas educativas com base em uma imagem baseada na ideia da infância moderna, que produziu uma identidade e que desde então padronizou nosso modo de olhar para a criança e a infância, tendo uma base eurocentrada e que exclui todas as crianças e infâncias que não se enquadram em tal modelo.

A ideia central que direcionou a pesquisa realizada foi analisar as práticas educativas que ocorriam na creche, com ênfase na criança negra, verificando as maneiras pelas quais essas práticas produziam e revelavam a questão racial.

Na relação entre as professoras e as crianças, ocorria algo que denominamos de paparicação, e as negras estavam na maior parte do tempo fora dessa prática, com base em um processo de exclusão que está sendo entendido como um ato de segregação, referindo-se ao recebimento de um carinho diferenciado. Isso também acontecia com algumas crianças brancas e que também não estavam entre as preferidas.

Sabemos da importância da proximidade do cuidado, do toque afetuoso, do olhar atencioso e do colo necessário no contexto da creche para o acolhimento dos bebês, mas optamos também por apresentar uma reflexão que traz um outro olhar que deve ser examinado ao analisarmos o papel desse afeto presente nas relações entre adultas e bebês; por isso, consideramos que pode haver uma positividade em estar fora dessa prática da paparicação, pois o âmbito relacional também pode se transformar em um aparelho de captura e controle, e que não é positivo nem mesmo para as crianças brancas.

Apesar das práticas ostensivas de diferenciação, principalmente de caráter racial e estético, as profissionais diziam trabalhar como se não houvesse diferença, "*todos são iguais*", ou seja, havia um apagamento/apaziguamento das diferenças valendo-se do discurso da igualdade, presente como um resíduo da "democracia racial", e também do entendimento de que a diferença significa desigualdade.

A criança negra gorda, lambona, indisciplinada, não-tão--bela, nesta perspectiva, caminhava por entre linhas diruptivas no espaço da creche, com base em sua diferença, instaurada entre o recebimento e o não recebimento dessa paparicação (termo que tomei emprestado de Philippe Ariès). Diferença essa que abria possibilidades de outras formas de "devir outra coisa" da concepção moderna de infância.

Ao mesmo tempo que os bebês negros não se enquadravam na identidade moderna de infância, a sua exclusão das práticas de paparicação estavam relacionadas com a identidade que carregavam no seu corpo negro, na sua pele, que historicamente foram marcados pela colonialidade. Duas perspectivas de identidade (a moderna e a negra, produzida por essa mesma colonialidade do poder) e que desconsideravam de fato quem são as crianças em suas vivências, nas quais abrem brechas para a produção das diferenças que lhes possibilitam metamorfosear-se, pelas tramas da infantilização e da racialização, valendo-se de elementos de suas culturas infantis.

Essas duas perspectivas identitárias povoam nosso pensamento sobre a infância, produzindo um pensamento representacional/dogmático baseado numa racionalidade que coloniza nosso modo de olhar para nossas crianças, nossas crianças negras, nossas crianças pobres, nossas crianças indígenas, nossas crianças com deficiências, nossas crianças trans e tantas outras formas de ser criança.

Durante as entrevistas com as professoras, as falas evidenciaram uma ênfase na "carência afetiva" e "material" das crianças, que produzia práticas vinculadas à ideia de criança "faltante", ou seja, uma visão de criança pobre como aquela em quem predomina a falta. Assim, a creche se constitui em um equipamento coletivo público em que se encontra prisioneira de práticas de caráter cada vez mais "privado" e "doméstico". O caráter "doméstico" ao qual a creche parecia estar presa tinha como princípio a fraternidade, no entanto esta diminui a distância entre as pessoas, pois é sempre interpretada em termos de parentesco, de uma comunidade identificatória. Mas, quando essa identificação não ocorre, ou seja, quando o *outro* não é uma cópia de *mim mesmo*, há uma supressão/anulamento das diferenças, o que é altamente discriminatório, e a possibilidade de nos transformamos com o *outro*, de nos abrirmos para o *novo*, é descartada.

Diante disso, é preciso pensar outras formas de entender essa instituição para além da casa; e as professoras, para além de substitutas das mães. Não temos a fórmula, mas uma das condições diz respeito à forma de se pensar a criança também para além da tríade pobreza/falta/paparicação, pois, segundo Abramowicz (2003, p. 15),

> As categorias de infância e pobre têm servido na área das Ciências Humanas, sobretudo, para a desqualificação, por um lado, das crianças que são compreendidas, apenas, como aquelas que têm e não têm infância e, por outro lado, os pobres que são àqueles em quem predomina a falta: falta educação, falta moradia, falta consciência, massa amorfa, senso comum e finalmente o fracasso escolar, até hoje, é atribuído, prioritariamente, às crianças pobres. É urgente pensarmos as crianças pobres para além da falta.

Precisamos de uma educação que não seja prisioneira do discurso da igualdade, para que, segundo Jódar e Gómez (2002, p. 34), "diante da vergonha de ser Homem e da exigência de educar para não repetir Auschwitz (Adorno, 1998), uma resposta possível é devir-outro, o outro de Homem". Ou seja, uma educação que não esteja presa à forma-homem dominante: homem-branco-adulto-heterossexual-cristão.

Isso é o que Katz (1996, p. 93) chamou de "crianceria", dando-lhe o seguinte significado:

> [...] crianceria onde afetos se recusam à inscrição, afetos errantes em seus encontros, afetos-criança. Afetos que não se querem prisioneiros de algum

> sistema. Nem de si próprios, em busca do novo e criativo, permanentemente.

É o que Deleuze denominou "devir-criança", como uma forma de resistência aos agenciamentos empreendidos pelos adultos. De acordo com Jódar e Gómez (2002, p. 35), "devir é sempre experimentar e explorar a alteridade da forma do ser Homem", é um processo que não reivindica um estado identitário, codificado, mas que evoca uma indiscernibilidade na qual "não seja possível distinguir-se de uma criança". Esse "uma" sendo usado como uma forma de quebrar qualquer generalidade, tratando-se de uma singularidade em sua expressão mais elevada.

Por isso, de acordo com Guattari (1985, p. 53), "o que conta na creche não é a técnica, é o efeito da política semiótica dos adultos sobre as crianças". Um trabalho que muitas vezes se desenvolve a partir de uma modelagem, de um adestramento da criança aos saberes e aos valores da sociedade dominante; e, para fazer o inverso disso, seria preciso "recusar fazer cristalizar a criança muito cedo em indivíduo tipificado, em modelo personológico estereotipado".

Assim, é preciso experimentar e explorar o "devir-criança" como um modo diferente de se fazer educação e também de pensar a própria criança, ou seja, que "a noção de educação e criança devenham outra coisa", tendo como base a infância, enquanto experiência propulsora da educação.

Dessa forma, parafraseando Jódar e Gómez (2002, p. 35),

> [...] introduzir o devir-criança nas formas de pensar e viver a educação não é simplesmente promover um pensar, escrever, falar ou, em suma, educar "para" as crianças [...] Ao contrário, esse "para" é um processo em devir. Devir duplamente e em paralelo, entre uns e outros, em direção à alteridade de ambos.

Cada um tem como marca a sua "estrangeirice", então se faz necessário pensar formas de ver a diferença não segundo um desvio da "norma" e também não tentando trazer o "diferente" para o âmbito do “mesmo” valendo-se de um apagamento dessas diferenças, pois é assim que se constitui o “racismo”.

Nesse sentido, respeitar o direito dos bebês negros à educação infantil, à creche, passa pela garantia da oferta de vagas, mas também diz respeito à proteção, ao zelo, à segurança, ao cuidado com seu corpo, ao consolo, caso eles precisem; diz respeito a respeitar suas singularidades, suas necessidades, sua cultura, a cultura do seu povo, no processo de construção de uma educação antirracista e decolonial, desde as crianças bem pequenas, os bebês na creche.

Então, apesar de existirem práticas exitosas e positivas em algumas comunidades negras e sendo desenvolvidas em instituições educativas, a vida de uma parcela das crianças negras brasileiras continua carecendo de muitos cuidados na garantia dos seus direitos.

Entendemos a importância de políticas de cunho universalistas, mas entendemos também a importância de políticas públicas e programas específicos para as meninas e os meninos negros brasileiros, buscando a equidade e a justiça social baseada numa política redistributiva e que, ao mesmo tempo, considere o reconhecimento das diferenças. Assim, de acordo com Nancy Fraser,

> A política de redistribuição identifica-se com as políticas de classe, de um lado, ao passo que a política de reconhecimento se assimila às políticas de identidade e com as lutas de gênero, sexualidade, nacionalidade, raça etc. (Fraser, 2006 *apud* Pizzio, 2016, p. 364).

Os indicadores nos apontam como as crianças negras são as mais afetadas na garantia de seus direitos, pois estes são violados a partir da exploração do capital e do racismo estrutural que naturalizam essas desigualdades; assim, as crianças negras são as que mais sofrem privações e privações múltiplas quando consideramos acesso a saneamento básico, informação, distribuição de renda, educação etc. O racismo não pode continuar invisibilizado nos discursos e nas práticas referentes aos graves problemas sociais que vivenciam nossas crianças negras, e até mesmo as tem matado, já que a necropolítica é justificada por esse racismo, fortemente presente na nossa sociedade.

Nesse sentido, pensando na creche e na garantia dos direitos de todas as crianças, trago a publicação de 2009 denominada "Critérios para um atendimento em creches que respeite os direitos fundamentais da criança" (Maria Malta Campos e Fúlvia Rosemberg). Gostaria de chamar atenção para três itens: primeiro, "Nossas crianças têm direito à atenção individual"; segundo, "Nossas crianças têm direito à proteção, ao afeto e à amizade"; e terceiro, "Nossas crianças têm direito a desenvolver sua identidade cultural, racial e religiosa".

Esses itens preveem que: devemos chamar sempre as crianças por seu nome; a criança é ouvida; conversamos e somos carinhosos com as crianças no momento da troca de fraldas e do banho; aprendemos a lidar com crianças mais agitadas e ativas sem discriminá-las ou puni-las; evitamos usar, e que as crianças usem, apelidos que discriminem outras crianças; evitamos situações em que as crianças se sintam excluídas; nossas crianças recebem atenção quando nos pedem ou perguntam alguma coisa; respeitamos crenças e costumes religiosos diversos dos nossos; nossas crianças têm direito a desenvolver sua autoestima; nossas crianças, negras e brancas, aprendem a gostar de seu corpo e de sua aparência.

A inversão do discurso da negatividade atrelado à infância far-se-á pela consideração das crianças como atores sociais, e não como meros componentes acessórios ou meios da sociedade dos adultos e que possuem a capacidade de atribuir sentido às suas ações e ao mundo que as rodeia. A infância é concebida como uma categoria social de tipo geracional que liga às crianças aos seus contextos sociais/culturais e que é marcada pelas diferenças de gênero, classe, etnia etc.

Essa nova perspectiva recusa uma Pedagogia adultocêntrica, racista e sexista, que não valoriza a perspectiva da criança, suas diferenças, sua novidade, sua imprevisibilidade, suas invenções e curiosidades.

Esses eixos são elementos fundamentais a serem considerados no estudo das crianças e das infâncias, tornando-se, dessa forma, contributos indispensáveis para a educação da infância, já que as crianças passam boa parte do tempo dentro de instituições escolares.

Assim, defendemos a necessidade de uma implementação efetiva da Lei 10.639/2003[5], que estabeleceu a obrigatoriedade do ensino da temática história e cultura afro-brasileira e africana, e das Diretrizes Curriculares Nacionais para a Educação das Relações Étnico-Raciais e o Ensino de História e Cultura Afro-Brasileira e Africana de 2004, desde a educação infantil, entendendo que a aprendizagem do racismo se inicia cedo, apontando-nos a necessidade de um trabalho educativo que tenha como foco as crianças desde a mais tenra idade.

Nesse sentido, de acordo com Gomes (2012, p. 105),

> [...] a mudança estrutural proposta por essa legislação abre caminhos para a construção de uma educação antirracista que acarreta uma ruptura epistemológica e curricular, na medida em que torna público e legítimo o "falar" sobre a questão afro-brasileira e africana. Mas não é qualquer tipo de fala. É a fala pautada no diálogo intercultural.

Assim, descolonizar os currículos é mais um desafio para a educação escolar, de acordo com Gomes (2012).

A discussão é se o Ensino das Relações Étnico-Raciais para crianças pequenas visa formar crianças e professores(as) com base em uma educação para as relações étnico-raciais, de modo que possa contribuir para a desconstrução de estereótipos e para a valorização dos saberes da cultura afro-brasileira e africana mirando o combate ao racismo e ao preconceito.

---

[5] Essa legislação foi ampliada pela aprovação da Lei 11.645/2008, que instituiu a obrigatoriedade do ensino de História e Cultura Indígena.

Neste sentido, buscamos favorecer o desenvolvimento de uma Pedagogia da Infância que esteja ancorada nos princípios de uma educação antirracista e decolonial. Quando tratamos das crianças nessa produção, estamos contemplando a faixa etária de 0 a 11 anos, conforme delimitação presente no ECA.

Assim, quando pensamos no ensino das Relações Étnico-Raciais e o Ensino de História e Cultura Afro-Brasileira e Africana, estamos ancorados nos objetivos das Diretrizes Curriculares Nacionais para a Educação das Relações Étnico-Raciais e o Ensino de História e Cultura Afro-Brasileira e Africana, que tem como objetivos:

- A Educação das Relações Étnico-Raciais tem por objetivo a divulgação e produção de conhecimentos bem como de atitudes, posturas e valores que eduquem cidadãos quanto à pluralidade étnico-racial, tornando-os capazes de interagir e de negociar objetivos comuns que garantam, a todos, respeito aos direitos legais e valorização de identidade, na busca da consolidação da democracia brasileira (parágrafo 1º);

- O ensino de História e Cultura Afro-Brasileira e Africana tem por objetivo o reconhecimento e valorização da identidade, história e cultura dos afro-brasileiros, bem como a garantia de reconhecimento e igualdade de valorização das raízes africanas da nação brasileira, ao lado das indígenas, europeias, asiáticas (parágrafo 2º).

Neste sentido, as instituições educativas desde a creche podem contribuir com um trabalho voltado para as diferenças visando educar nossas crianças desde cedo para um olhar positivo diante das diferenças que nos constituem enquanto seres humanos. De acordo com Erin Winkler (2009, p. 06), "Existe um mito na cultura popular que crianças pequenas são 'daltônicas' ou não reconhecem as diferenças", e, de fato, é mito, pois pesquisas envolvendo crianças negras na educação infantil mostram que as crianças identificam as diferenças e em diversas situações manifestam formas de exclusão na interação com outras crianças consideradas diferentes, como pode ser verificado pelas pesquisas desenvolvidas.

Assim, interagir e brincar possibilita às crianças conviver entre si e com as diferenças. Zuccoli (2015) afirma que conviver entre pares e também entre crianças com diferentes idades e com deficiência intensifica possibilidades de encontros, de exploração do mundo e compreensão de outros pontos de vista. Desse modo, o brincar está sendo compreendido como uma forma de as crianças expressarem os seus conhecimentos sobre si, os outros e o mundo que as cerca.

Para o favorecimento das interações e do brincar, não podemos deixar de mencionar a importância da organização do espaço nas instituições de educação infantil. A organização do espaço é um outro elemento essencial e entrelaça-se diretamente com a organização do tempo. Forneiro (1998) faz uma interessante distinção entre espaço e ambiente. O espaço refere-se aos locais onde as atividades são realizadas e caracteriza-se pelos objetos, móveis, materiais etc.; já o ambiente diz respeito ao conjunto desse espaço físico e às relações nele estabelecidas — por isso, considera-se que o ambiente "fala", transmite-nos sensações, evoca recordações, passa-nos segurança ou inquietação, mas nunca nos deixa indiferentes.

Assim, para Horn (2004), o espaço é um elemento curricular, pois estrutura oportunidades para a aprendizagem por meio das interações possíveis entre as crianças e os objetos e delas entre si, podendo ser este estimulante ou limitador das aprendizagens, pois os espaços são educadores e, por isso, devem permitir ricas interações, a autonomia das crianças, estimular sua curiosidade etc.

Oferecer bonecas negras, brancas e objetos de enfeite de cada agrupamento cultural nas áreas de faz de conta possibilita vivenciar o modo de vida da criança e de sua família. De acordo com Brougère (2008, p. 63), o brinquedo "pode ser considerado uma mídia que transmite à criança certos conteúdos simbólicos, imagens e representações produzidas pela sociedade que a cerca". Assim, artefatos infantis como livros e brinquedos carregam em si uma representação de criança, já que produzidos por um adulto.

É preciso também nos atentarmos para as formas de colonialidade que esses artefatos podem trazer para a socialização das crianças. A colonialidade está sendo entendida com base em Maldonado-Torres (2020, p. 36), como "uma lógica global de desumanização que é capaz de existir até mesmo na ausência de colônias formais".

Assim, não nos é permitido esquecer os efeitos e os resquícios vividos pela prática da escravidão, pois isso criou a ideia poderosa de uma supremacia racial branca (a branquidade) que gerou um grupo socialmente privilegiado e que, consequentemente, possui um privilégio epistêmico que nos ensina valendo-se de uma única visão de mundo. Por isso, historicamente e majoritariamente, nossas crianças interagiram e criaram suas culturas infantis com base em artefatos (bonecas/bonecos, livros, filmes etc.) que afirmavam a branquidade como fator constituinte de uma humanidade que tornava os desviantes dessa norma "outros".

Apoiados nas Diretrizes Curriculares Nacionais para a Educação das Relações Étnico-Raciais e Ensino de História e Cultura Afro-Brasileira e Africana (2004), entendemos a urgência da reeducação as relações entre negros e brancos, ou seja, das relações étnico-raciais no Brasil.

Essa reeducação, sendo iniciada desde a infância, poderá trazer benefícios para o combate ao racismo, trazendo consequências positivas para a formação da criança negra e branca e o desmantelamento da ideia produzida pela modernidade colonial acerca da existência de uma supremacia racial branca gerando um grupo socialmente privilegiado com base na total desumanização dos negros, tornados "outros", "primitivos".

Abordar as crianças, sejam elas negras ou brancas, se faz importante, pois vivemos numa sociedade racializada e nossa subjetividade é produzida sob essa lógica. Nesta sociedade, quando pensamos na cultura material da infância, é recente encontrarmos produtos/artefatos como livros de literatura infantil contendo personagens negros e/ou trabalhando a temática étnico-racial, e poucas ofertas de brinquedos como bonecas e bonecos negros.

É preciso organizar com os pais, portanto, vivências de brincadeiras típicas da comunidade para aumentar o repertório de brincadeiras de todas as crianças e propiciar a aprendizagem do respeito às formas de vida dos vários grupos. E ainda considerar as manifestações de preconceitos e discriminações dirigidas a algumas crianças.

Essas situações devem ser alvo de reflexão dos educadores para que avaliem sua prática e a da instituição. Além do diálogo, pode-se planejar a realização de projetos específicos em que a questão-alvo de preconceito seja trabalhada com as crianças. Isto é fundamental. Mesmo apresentando algumas características comuns nos grupos culturais, uma é diferente da outra, o que requer observá-las individualmente, para que os interesses e as necessidades de cada uma façam parte do planejamento curricular — assim, o cuidado com a individualidade e a diversidade aumentam as oportunidades de educação na infância.

A realização de projetos sobre a diversidade étnica que compõe o povo brasileiro é um recurso importante para tratar de forma mais objetiva a questão da identidade. Conhecer a história e a cultura dos vários povos que para cá vieram é de grande valia a fim de resgatar o valor de todas as etnias presentes no Brasil, o que pode ajudar a diluir as manifestações de preconceito, alargando a visão de mundo dos elementos do grupo.

As metodologias para o tratamento dessas temáticas poderão envolver também um trabalho com o campo da linguagem, abrindo um espaço privilegiado para a literatura infantojuvenil que traga positivamente personagens negros(as), bem como a temática étnico-racial; do mesmo modo, as contribuições do campo das artes visuais (com desenho, pintura, o uso de argila), do movimento com a dança, da música (trazendo os instrumentos musicais afro-brasileiros e, até mesmo, a confecção destes. Um trabalho voltado para as religiões de origem africana trazendo membros da comunidade escolar para conversar com as crianças, bem como grupos de congada, capoeira, jongo, dependendo da região geográfica e o que for mais específico daquela cultura local.

Esse fazer educativo visa desconstruir o modo como a autoestima e o autoconceito de crianças brancas são forjadas conforme os preceitos da branquitude; e o modo como a autoestima e o autoconceito de crianças negras são forjados dos preceitos do branqueamento, pois isso gera perspectivas diferentes, a partir do discriminador e o discriminado, conforme nos apresenta Lopes (2000, p. 187):

- O discriminador "que manda e se considera o mais capaz, o mais culto, o dono do mundo e das pessoas, que sempre estabelece as regras do jogo que lhe interessa, que mantém sua autoestima em alta às custas do outrem". A branquitude gera a ideia de superioridade e supremacia branca: o mais capaz, o mais belo etc.;

- O discriminado

> [...] que fica à mercê das decisões do discriminador, o qual tenta organizar a vida do grupo social em função de seus interesses e privilégios; que tem de lutar bravamente para elevar sua autoestima, que tem de construir sua identidade a duras penas.

O branqueamento gera o desejo de se tornar branco visando se aproximar dos valores desses grupos vistos como positivos, pois ser negro é ser feio, sujo, mau, incapaz etc.

Isso nos remete à discussão de como um saber específico envolvendo a questão racial é importante para que os profissionais que atuam nas instituições de educação infantil tenham clareza de suas atuações, que questionem suas práticas pedagógicas cotidianas que, muitas vezes atreladas ao senso comum, reforçam situações de racismo, que tanto interferem na constituição de uma autoestima positiva das crianças negras, de seu pertencimento étnico e da construção de uma sociedade mais plural e democrática visando que todos tenham seus direitos garantidos, inclusive de aprendizagem e de respeito por suas raízes étnicas.

A prática educativa voltada para as questões raciais tem sua especificidade e exige determinados saberes. Este seria um conjunto de saberes específicos, necessários à prática do(a) educador(a) e que devem, com base na legislação apresentada nesta reflexão, passar a estruturar a cultura docente desses profissionais, que ainda não o possuem, em sua grande maioria, pois em seus cursos de formação inicial ou continuada esses conteúdos não são objeto de aprendizagem sistemática.

Esse é um dos desafios colocados aos educadores de um modo geral, mas também aos gestores na elaboração de estratégias e ações conjuntas, no processo permanente de qualificação e desenvolvimento profissional, pois faz-se necessário um questionamento permanente de suas relações estabelecidas com as crianças, e entre as próprias crianças, valendo-se de atitudes preconceituosas, podendo estas ser veladas ou explícitas, e que expressem sentimentos de superioridade de um grupo sobre o outro, e também de um questionamento de suas práticas, até no que diz respeito à utilização do livro didático e de literatura infanto, que requer uma postura crítica, pois estes podem conter estereótipos em relação aos negros e interferem na construção de uma autoestima positiva por parte das crianças negras.

O(a) professor(a) atento(a) ao que acontece em sua instituição poderá contribuir para a mudança dessas manifestações; e da mesma forma a criança, pois ambos têm suas subjetividades produzidas de práticas racistas, já que vivemos em uma cultura racista, muitas vezes negada, mas presente. No entanto, pensando na aquisição de um saber específico sobre a questão racial, estes podem produzir outras práticas pedagógicas buscando desfazer ordens cristalizadas de homogeneização e padronização e que levam ao que Gomes (2020) denomina de "versão pedagógica do mito da democracia racial", pois essa instituição adota o discurso da igualdade que apaga as diferenças.

Remetemo-nos ao artigo de Preciado (2017, p. 2) denominado "Uma escola para Alan", que, apesar de tratar da violência de gênero e sexualidade, nos ajuda também a pensar na violência que o racismo impõe às crianças negras; assim, do mesmo modo, desejamos uma escola que

> [...] não seja uma fantasia humanista de escola inclusiva (e o seu lema "nós toleramos a diferença, nós toleramos o doente para que se adapte"). Ao contrário, faz-se necessário des-hierarquizar e des-normalizar a escola, introduzir heterogeneidade e criatividade [...] eu quero imaginar uma instituição educacional mais atenta à singularidade do aluno do que à preservação da norma. Uma escola microrrevolucionária onde será possível favorecer processos de subjetivação singulares. Eu quero imaginar uma escola na qual Alan poderia ainda estar vivo.

Assim, esta reflexão caminhou no sentido de problematizar a condição dos bebês, das crianças pequenas negras e brancas vivendo em instituições de educação infantil, valendo-nos de questões que envolvem diferença, estereótipos, preconceito e discriminação e visando questionar pedagogias colonizadoras que subjetivam os corpos infantis segundo uma normatividade da infância. Desta forma, defendemos uma Pedagogia da Infância que se paute na especificidade das crianças considerando-as na diversidade de contextos em que vivem suas infâncias, podendo, assim, contribuir para um trabalho voltado para a multiplicidade e diferença abrindo possibilidades para a produção de novas formas de vida, de educação.

O direito à educação de que estamos tratamos envolve o direito a uma educação de qualidade e que contemple as contribuições do povo negro e africano na história do nosso país e do mundo, bem como o desenvolvimento de relações interétnicas mais positivas entre negros e brancos visando construirmos uma escola e uma sociedade que sejam de fato mais democráticas, plurais e equitativas, pois os estudos indicam que, desde a educação infantil, as crianças bem pequenas já passam por processos de socialização que as levam à construção de concepções arraigadas no nosso imaginário social sobre o branco e o negro e consequentemente sobre as positividades e negatividades atribuídas a um e outro grupo racial.

Assim, nossa educação infantil, desde a creche, precisa ser a que luta contra a exclusão/o racismo e a de luta por afirmação dos direitos das crianças. Nesse sentido, buscou-se empreender o esforço de pensar a infância apartada dos pensamentos tradicionais/dogmáticos, da mesma forma que a noção de direito baseada numa concepção universal de criança, desconsiderando, assim, as suas diferenças, para buscar não uma política dos direitos da infância, mas uma infância dos direitos, pois a própria infância deve ser a mola propulsora para se pensar o campo dos direitos da criança.

Sob a lógica das diferenças, é possível: pensar a infância enquanto possibilidade de um pensamento-outro e as crianças nos ajudando a produzir dobras nesse pensamento dogmático. Reivindicar um pensamento de infância sem uma forma, um modelo contra essa violência desse pensamento produzido/naturalizado sobre a infância. Um pensamento sem forma, que seja decolonial, nos abre possibilidades de alteração da realidade enquanto um processo de resistência. Um pensamento sem imagem é um pensamento múltiplo, intempestivo. Deleuze nos lembra dessa potência criadora do pensamento.

REFERÊNCIAS

ABRAMOWICZ, A.; SILVÉRIO, V. R. **Afirmando diferenças**: montando o quebra-cabeça da diversidade na escola. Campinas: Papirus, 2005.

ABRAMOWICZ, A. O direito das crianças à educação infantil. **Pro-posições** – Revista Quadrimestral da faculdade de Educação – UNICAMP, v. 14, n. 3, p. 13-24, 2003.

ABRAMOWICZ, A. **A menina repetente**. 2. ed. Campinas, SP: Papirus, 1996. 111 p.

ADICHIE, C. N. **O perigo de uma história única**. São Paulo: Companhia das Letras, 2019.

AFONSO, L. Gênero e processo de socialização em creches comunitárias. **Cadernos de Pesquisa**, n. 93, p. 12-21, 1995.

AIRES, J. M. M. P. Identificações indígenas e negras no universo infantil tapeba. **Revista Negro e Educação**, n. 2, p. 171-184, 2002.

AKOTIRENE, C. **Interseccionalidade**. São Paulo: Sueli Carneiro; Jandaíra, 2020.

ALANEN, L. 'Intersectionality' and other challenges to theorizing childhood. **Childhood**, v. 23, n. 2, p. 157-161, 2016.

ALMEIDA, S. L. **O que é racismo estrutural?** Belo Horizonte: Letramento, 2018.

ANDRADE, I. P. A. Construindo a autoestima da criança negra. *In*: MUNANGA, K. (org.). **Superando o racismo na escola**. Brasília, DF: Ministério da Educação, Secretaria de Educação Fundamental, 2000. p. 111-118.

ARIÈS, P. **História social da criança e da família**. Rio de Janeiro: Editora Guanabara Koogan. 1981.

BARBOSA, I. M. F. Socialização e identidade racial. **Cadernos de Pesquisa**, n. 63, p. 54-55, 1987.

BELOTTI, E. G. **Educar para a submissão**. Petrópolis: Vozes, 1985.

BERNARDINO-COSTA, J.; MALDONADO-TORRES, N.; GROSFOGUEL, R. (org.). **Decolonialidade e Pensamento Afrodiaspórico**. Belo Horizonte: Autêntica, 2020. 365p.

BRASIL. **Lei nº 10.639, de 9 de janeiro de 2003**. Altera a Lei nº 9.394, de 20 de dezembro de 1996, que estabelece as diretrizes e bases da educação nacional, para incluir no currículo oficial da Rede de Ensino a obrigatoriedade da temática «História e Cultura Afro-Brasileira», e dá outras providências. Brasília, DF: Presidência da República, 2003.

BRITTO, A. E. C. Entre negro e branco: socialização de filhos mestiços por famílias interétnicas. **Revista Negro e Educação**, n. 2, p. 185-199, 2002.

BROUGERE, G. A criança e a cultura lúdica. *In*: KISHIMOTO, Tizuco Morchida. **O brincar e suas teorias**. 1. ed. São Paulo: Cencage Learning, 1998. cap. 1. p. 19-32.

BROUGÈRE, G. **Brinquedo e Cultura**. 7. ed. São Paulo: Cortez, 2008.

CAMILO, M. L. **Literatura Infantil e Relações Étnico-Raciais**: quais as possibilidades para o trabalho junto às crianças?. 2022. Dissertação (Mestrado em Educação) – Universidade Federal de Alfenas, Minas Gerais.

CAMPOS JR., Pe. J. **A criança negra na escola**. São Paulo: Salesianas, 1999.

CAVALLEIRO, E. S. **Do silêncio do lar ao silêncio escolar**: racismo, preconceito e discriminação na educação infantil. São Paulo: Contexto, 2000.

CASTRO-GÓMEZ, S. Ciências sociais, violência epistêmica e o problema da "invenção do outro". *In*: LANDER, E. (org.). **A colonialidade do saber**: eurocentrismo e ciências sociais. Perspectivas latino-americanas. Argentina: CLACSO, set. 2005. p. 80-87.

CERISARA, A. B. De como o Papai do Céu, o Coelhinho da Pascoa, os Anjos e o Papai Noel foram viver juntos no céu!. *In:* KISHIMOTO, T. M.

O brincar e suas teorias. 1. ed. São Paulo: Cencage Learning, 1998. cap. 6. p. 123-138.

CHARLOT, B. A ideia de infância. *In*: CHARLOT, B. **A mistificação pedagógica**: realidades sociais e processos ideológicos na teoria da educação. Rio de Janeiro: Zahar Editores, 1983. p. 99-149.

COLLINS, P. Epistemologia feminista negra. *In*: BERNARDINO-COSTA, J.; MALDONADO-TORRES, N.; GROSFOGUEL, R. (org.). **Decolonialidade e Pensamento Afrodiaspórico**. Belo Horizonte: Autêntica, 2020. p. 139-170.

COLLINS, P. H.; BILGE, S. **Interseccionalidade**. São Paulo: Boitempo, 2021.

CORSARO, W. **Sociologia da Infância**. Porto Alegre: Artmed, 2011. 384 p.

COSTA, J. F. **Ordem médica e norma familiar**. 2. ed. Rio de Janeiro: Edições Graal, 1983.

CRENSHAW, K. Documento para o encontro de especialistas em aspectos da discriminação racial relativos ao gênero. **Estudos Feministas**, n. 1, p. 171-189, 2002.

CUNHA JR., H. A indecisão dos pais face à percepção da discriminação racial na escola pela criança negra. **Cadernos de Pesquisa**, n. 63, p. 51-53, 1987.

DAHLBERG, G.; MOSS, P.; PENCE, A. **Qualidade na educação da primeira infância**: perspectivas pós-modernas. Porto Alegre: Artmed, 2003.

DELEUZE, G. **Conversações**. Rio de Janeiro: Editora 34, 1992.

DELEUZE, G.; GUATTARI, F. **Mil platôs**: capitalismo e esquizofrenia. Rio de Janeiro: Editora 34, 1996. v. 3.

DONZELOT, J. **A polícia das famílias**. Rio de Janeiro: Graal, 1980.

FARIA, A. L. G.; PALHARES, M. S. (org.). **Educação Infantil Pós-LDB**: Rumos e Desafios. Campinas: Autores Associados. Coleção Polêmicas do Nosso Tempo, 1999.

FERREIRA, A. G. **Gerar Criar Educar.** A criança no Portugal do Antigo Regime. Portugal: Editora Quarteto. 2000.

FERREIRA JR., A.; BITTAR, M. Educação jesuítica e crianças negras no Brasil Colonial. **Revista Brasileira de Estudos Pedagógicos**, v. 80, n. 196, p. 472-481, 1999.

FONSECA, M. V. As primeiras práticas educacionais com características modernas em relação aos negros no Brasil. **Revista Negro e Educação**, n. 1, p. 11-36, 2001.

FOMOSINHO, J. A universidade e a formação de educadores de infância: potencialidades e dilemas. *In*: MACHADO, M. L. de. **Encontros e Desencontros na Educação Infantil**. São Paulo: Cortez, 2008. p. 169-188.

FORNEIRO, L. I. A organização dos chims na educação infantil. *In*: ZABALZA, M. A. **Qualidade em educação infantil**. Tradução de Beatriz Affonso Neves. Porto Alegre: Artmed, 1998. p. 229-262.

FOUCAULT, M. **A verdade e as formas jurídicas**. Rio de Janeiro: NAU Editora, 2002a.

FOUCAULT, M. **Em defesa da sociedade.** São Paulo: Martins Fontes, 2005.

FOUCAULT, M. **Vigiar e punir**. Petrópolis: Vozes, 2002b.

FRENETTE, M. A cor da infância: a influência branca na formação da autoimagem da criança negra. **Revista Raça Brasil**, ano 4, n. 38, p. 88-92, 1999.

FUNDO DAS NAÇÕES UNIDAS PARA A INFÂNCIA. **30 anos da Convenção sobre os Direitos da Criança**: avanços e desafios para meninas e meninos no Brasil. Unicef, 2019. Disponível em: https://www.unicef.org/brazil/media/6276/file/30-anos-da-convencao-sobre-os-direitos-da-crianca.pdf. Acesso em: 1 jul. 2020.

FUNDO DAS NAÇÕES UNIDAS PARA A INFÂNCIA. **Bem-estar e privações múltiplas na infância e na adolescência no Brasil**. Unicef, 2018a. Disponível em: https://www.unicef.org/brazil/media/2061/file/Bem-

-estar-e-privacoes-multiplas-na-infancia-e-na-adolescencia-no-Brasil.pdf. Acesso em: 19 jul. 2020.

FUNDO DAS NAÇÕES UNIDAS PARA A INFÂNCIA. **Cenário da exclusão escolar no Brasil**. Unicef, 2017. Disponível em: https://www.unicef.org/brazil/relatorios/cenario-da-exclusao-escolar-no-brasil. Acesso em: 23 jul. 2020.

FUNDO DAS NAÇÕES UNIDAS PARA A INFÂNCIA. **Panorama da distorção idade-série no Brasil**. Unicef, 2018b. Disponível em: htpps://www.unicef.org/brazil/relatorios/panorama-da-distorcao-idade-serie-no-brasil. Acesso em: 21 jul. 2020.

FUNDO DAS NAÇÕES UNIDAS PARA A INFÂNCIA. **Reprovação, distorção idade-série e abandono escolar**. Unicef, 2018c. Disponível em: https://www.unicef.org/brazil/media/6151/file/reprovacao_distorcao_idade-serie_abandono_escolar_2018.pdf. Acesso em: 13 jul. 2020.

GALLO, S. Em torno de uma educação menor. **Revista Educação & Realidade**: Dossiê Gilles Deleuze, Porto Alegre, v. 27, n. 2, p. 169-178, 2002.

GILROY, P. **O Atlântico negro**. Rio de Janeiro: Ed. 34; Ucam, 2001.

GODOY, E. A. **A representação étnica por crianças pré-escolar**: um estudo à luz da teoria piagetiana. 1996. Dissertação (Mestrado em Psicologia) – Unicamp, Campinas, 1996.

GOMES, N. L. O Movimento Negro e a intelectualidade negra descolonizando os currículos. *In*: BERNARDINO-COSTA, J.; MALDONADO-TORRES, N.; GROSFOGUEL, R. (org.). **Decolonialidade e Pensamento Afrodiaspórico**. Belo Horizonte: Autêntica, 2020. p. 223-246.

GOMES, N. L. Relações étnico-raciais, educação e descolonização dos currículos. **Currículo sem Fronteiras**, v. 12, n. 1, p. 98-109, jan./abr. 2012.

GONÇALVES, L. A. Reflexão sobre a particularidade cultural na educação das crianças negras. **Cadernos de Pesquisa**, n. 63, p. 27-29, 1987.

GUATTARI, F. **Revolução molecular**: pulsações políticas do desejo. 2. ed. Tradução de Suely Belinha Rolnik. São Paulo: Editora Brasiliense, 1985.

GUIMARÃES, A. S. A. **Classes, raça e democracia**. São Paulo: Editora 34, 2002.

GUSMÃO, N. M. M. Linguagem, cultura e alteridade: imagens do outro. **Cadernos de Pesquisa**, n. 107, p. 41-75, 1999.

HALL, S. **Da diáspora**: identidades e mediações culturais. Belo Horizonte: Editora UFMG, 2003.

HASENBALG, C. A.; SILVA, N. V. Raça e oportunidades educacionais no Brasil. **Cadernos de Pesquisa**, n. 73, p. 5-12, 1990.

HASENBALG, C. A. Desigualdades sociais e oportunidade educacional: a produção do fracasso. **Cadernos de Pesquisa**, n. 63, p. 24-26, 1987.

HOFBAUER, A. **Uma história de branqueamento ou o negro em questão**. 1999. Tese (Doutorado em Ciência Social) – Universidade de São Paulo, São Paulo, 1999.

HOOKS, b. **Teoria feminista**: da margem ao centro. São Paulo: Perspectiva, 2019.

HORN, M. G. S. **Sabores, cores, sons, aromas**: a organização dos espaços na educação infantil. Porto Alegre: Artmed, 2004.

JAMES, A.; JAMES, A. L. **Constructing childhood**: theory, policy and social practice. New York: Palgrave Macmillan, 2004.

JARDIM, S. R. M. **Gênero e educação**: abordagens e concepções em dissertações de mestrado no estado de São Paulo. 2003. Dissertação (Mestrado em Educação) – UFSCar, São Carlos, 2003.

JÓDAR, F.; GÓMEZ L. Devir-criança: experimentar e explorar outra educação. **Revista Educação & Realidade**: Dossiê Gilles Deleuze, Porto Alegre, v. 27, n. 2, p. 31-46, 2002.

KATZ, C. S. Crianceria: "o que é ser criança". **Cadernos de Subjetividade [do] Núcleos de Estudos e Pesquisas da Subjetividade do Programa de Pós-Graduação em Psicologia Clínica da PUC-SP**, São Paulo, n. especial, p. 90-96, 1996.

KILOMBA, G. **Memórias da plantação**: episódios de racismo cotidiano. Rio de Janeiro: Cobogó, 2019.

KISHIMOTO, T. M. Pedagogia e a formação de professores(as) de Educação Infantil. **Pró-Posições**, v. 16, n. 3, p. 181-193, set./dez. 2005.

KISHIMOTO, T. M. Encontros e desencontros na formação dos profissionais de educação infantil. *In*: KISHIMOTO, T. M.; MACHADO, M. L. de A. (org.). **Encontros e Desencontros em Educação Infantil**. 3. ed. São Paulo: Cortez, 2008.

KOHAN, W. O. Entre Deleuze e a educação. **Revista Educação & Realidade**: Dossiê Gilles Deleuze, Porto Alegre, v. 27, n. 2, p. 123-130, 2002.

KRAMER, S. **Infancia, cultura y currículo**: desafíos para la escuela. Texto presentado al Congreso Internacional Master de Educación "Educando en tiempos de cambio", 2., ago. 2005, Lima, Perú. Disponível em: https: ://revistas.pucp.edu.pe/index.php/educacion/article/view/8347/8654. Acesso em: 10 abr. 2020.

KUHLMANN JR., M. **Infância e educação infantil**: uma abordagem histórica. Porto Alegre: Mediação, 1998.

KUHLMANN JR., M. Instituições pré-escolares assitencialistas no Brasil (1899-1922). **Cadernos de Pesquisa**, São Paulo, n. 78, p. 17-26, 1991.

LIMA, H. P. Personagens negros: um breve perfil na literatura infanto-juvenil. *In*: MUNANGA, K. (org.). **Superando o racismo na escola**. Brasília, DF: Ministério da Educação, Secretaria de Educação Fundamental, 2000. p. 95-110.

LOPES, A. **Escola, socialização e cidadania**: um estudo da criança negra numa escola pública de São Carlos. 1995. Dissertação (Mestrado em Educação) – EdUFSCar, São Carlos, 1995.

LOPES, A. Livro didático: uma tentativa de inversão do sinal. **Cadernos de Pesquisa**, n. 63, p. 101-102, 1987.

LOPES, H. T. Educação e identidade. **Cadernos de Pesquisa**, n. 63, p. 38-40, 1987.

LUGONES, M. Colonialidad y Género. In: LUGONES, M.; JIMÉNEZ-LUCENA, I.; TLOSTANOVA, M. **Género y descolonialidad.** Ciudad Autónoma de Buenos Aires: Del Signo, 2021. p. 19-62.

LUIZ, M. C.; SALVADOR, M. N.; CUNHA JR., H. A criança (negra) e a educação. **Cadernos de Pesquisa**, n. 31, p. 69-72, 1979.

MALDONADO-TORRES, N. Analítica da colonialidade e da decolonialidade: algumas dimensões básicas. *In*: BERNARDINO-COSTA, J.; MALDONADO-TORRES, N.; GROSFOGUEL, R. **Decolonialidade e pensamento afrodiaspórico**. Belo Horizonte: Autêntica, 2020. p. 27-54.

MARCILIO, M. L. A roda de expostos e a criança abandonada na história do Brasil (1726-1950). *In*: FREITAS, M. C. (org.). **História da infância no Brasil**. São Paulo: Cortez, 1997. p. 51-76.

MARQUES, S. M. S. Escola, práticas pedagógicas e relações raciais: a comunidade remanescente de quilombo de São Miguel. **Revista Negro e Educação**, n. 2, p. 159-170, 2002.

MARTINS FILHO, A. J. *et al.* **Infância plural**: crianças do nosso tempo. Porto Alegre: Mediação, 2006.

MBEMBE, A. **A crítica da razão negra**. 3. ed. Tradução de Marta Lança. Lisboa: Antígona, 2014.

MIGNOLO, W. **Histórias globais/projetos locais**: colonialidade, saberes subalternos e pensamento liminar. Belo Horizonte: Editora UFMG, 2003.

MOLLO-BOUVIER, S. Transformação dos modos de socialização das crianças: uma abordagem sociológica. **Revista Educação & Sociedade**, Campinas, v. 26, n. 91, p. 391-404, maio/ago. 2005.

MOTT, M. L. B. A criança escrava na literatura de viagens. **Cadernos de Pesquisa**, n. 31, p. 57-68, 1979.

MOURA, G. O direito à diferença. *In*: MUNANGA, K. (org.). **Superando o racismo na escola**. Brasília, DF: Ministério da Educação, Secretaria de Educação Fundamental, 2000. p. 61-76.

NEGRÃO, E. V. A discriminação racial em livros didáticos e infanto-juvenis. **Cadernos de Pesquisa**, n. 63, p. 86-87, 1987.

NUNES, B. F. **Sociedade e infância no Brasil**. Brasília, DF: Editora Universidade de Brasília, 2003.

OLIVEIRA, F. **Um estudo sobre a creche**: o que as práticas educativas produzem e revelam sobre a questão racial? 2004. Dissertação (Mestrado em Educação) – UFSCar, São Carlos.

OLIVEIRA, R. **Dissertação de mestrado que utilizou informações *de documentos de inventário "Salve 13 de maio?"***. 1992. Dissertação (Mestrado em História, Política, Sociedade) – PUCSP, São Paulo, 1992.

OLIVEIRA, R. **Identidade do negro brasileiro**: implicação para educação de mulheres e homens negros e brancos. Conferência apresentado ao Seminário em Educação: o negro brasileiro: educação e cultura, 1988, PUCRS, Rio Grande do Sul.

ORGANIZAÇÃO DAS NAÇÕES UNIDAS. **Convenção sobre os direitos da criança (CDC)**. 1989. Disponível em: https://www.unicef.org/brazil/convencao-sobre-os-direitos-da-crianca. Acesso em: 1 jul. 2020.

ORTEGA, F. **Para uma política da amizade**: Arendt, Derrida e Foucault. Rio de Janeiro: Relume Dumará, 2000.

OYEWÙMÍ, O. **A invenção das mulheres**: construindo um sentido africano para os discursos ocidentais de gênero. Rio de Janeiro: Bazar do Tempo, 2021.

PELBART, P. P. **A vertigem por um fio**: políticas da subjetividade contemporânea. São Paulo: Iluminuras, 2000.

PEREIRA, J. B. B. A criança negra: identidade étnica e socialização. **Cadernos de Pesquisa**, n. 63, p. 41-45, 1987.

PINTO, R. P. A Representação do negro em livros didáticos de leitura. **Cadernos de Pesquisa**, n. 63, p. 88-92, 1987.

PLAISANCE, Éric. Denominações da infância: do anormal ao deficiente. **Educação e Sociedade**, v. 26, n. 91, p. 405-417, 2005.

PRECIADO, P. B. Multidões queer: notas para uma política dos "anormais". *In*: HOLLANDA, H. B. **Pensamento feminista**: conceitos fundamentais. Rio de Janeiro: Bazar do Tempo, 2019. p. 421-430.

PRECIADO, P. B. **Uma escola para Alan. Tradução e adaptação de Inaê Diana Lieksa. 2017. Texto original disponível no blog Parole de Queer.**

QUIJANO, A. Colonialidade do poder, eurocentrismo e América Latina. *In*: LANDER, E. (org.). **A colonialidade do saber**: eurocentrismo e ciências sociais – perspectivas latino-americanas. Ciudad Autónoma de Buenos Aires, Argentina: Clacso, 2005 p. 107-130. Disponível em: http://bibliotecavirtual.clacso.org.ar/. Acesso em: 23 jan. 2023.

QVORTRUP, J. Infância e política. **Cadernos de Pesquisa**, v. 40, n. 141, p. 777-792, 2009.

RAMOS, L. H. S. Na margem negra do Rio: pesquisa numa escola do subúrbio carioca. **Revista Negro e Educação**, n. 2, p. 117-130, 2002.

REIS, M. C. G. Escola e contexto social: a identidade racial numa comunidade remanescente de quilombo. **Revista Negro e Educação**, n. 2, p. 143-158, 2002.

ROMÃO, J. O educador, a educação e a construção de uma auto-estima positiva no educando negro. *In*: CAVALLEIRO, E. (org.). **Racismo e anti-racismo na educação**: repensando a escola. São Paulo: Summus, 2001. p. 161-178.

ROSEMBERG, F. Organizações multilaterais, Estado e políticas de educação infantil. **Cadernos de Pesquisa**, São Paulo, n. 115, p. 25-63, 2002.

ROSEMBERG, F. Raça e educação inicial. **Cadernos de Pesquisa**, n. 77, p. 25-34, 1991.

ROSEMBERG, F. Relações raciais e rendimento escolar. **Cadernos de Pesquisa**, n. 63, p. 19-23, 1987.

ROSEMBERG, F. Educação Infantil, Classe, Raça e Gênero. **Cadernos de Pesquisa**, n. 96. Fev. 1996. p. 58-65.

ROSSETTI-FERREIRA, M. C.; RAMON, F.; SILVA, A P. Políticas de atendimento à criança pequena nos países em desenvolvimento. **Cadernos de Pesquisa**, São Paulo, n. 115, p. 65-100, 2002.

SANGLARD, G.; GIL, C. A. Assistência à infância: filantropia e combate à mortalidade infantil no Rio de Janeiro (1889-1929). **Revista da ABPN**, v. 06, n. 14, p. 63-90, jul./out. 2014.

SANTOS, B. S. Os processos de globalização. *In*: SANTOS, B. S. (org.). **Globalização**: fatalidade ou utopia? 3. ed. Porto: Edições Afrontamento, 2005. p. 31-99.

SARMENTO, M. Gerações e alteridade: interrogações a partir da sociologia da infância. **Educação & Sociedade**, n. 91, v. 26, p. 361-378, maio/ago. 2005.

SARMENTO, M. Estudos da infância e sociedade contemporânea: desafios conceptuais. Revista O Social em Questão. **Revista da PUC-Rio de Janeiro**, v. XX, n. 21 p. 15-30. 2009.

Sarmento, M. Uma agenda crítica para os Estudos da Criança. **Currículo sem Fronteiras**, v. 15, n. 1, p. 31-49, jan./abr. 2015.

SILVA, A. C. A desconstrução da discriminação no livro didático. *In*: MUNANGA, K. (org.). **Superando o racismo na escola**. Brasília, DF: Ministério da Educação, Secretaria de Educação Fundamental, 2000. p. 13-30.

SILVA, A. C. Estereótipos e preconceito em relação ao negro no livro de Comunicação e expressão do 1º grau – nível I. **Cadernos de Pesquisa**, n. 63, p. 96-98, 1987.

SILVA, C. D. **Negro, qual é o seu nome?** Belo Horizonte: Mazza Edições, 1995.

SILVA, I. O. A creche e suas profissionais: processos de construção de identidades. **Em Aberto**, Brasília, DF, v. 18, n. 73, p. 112-119, 2001.

SILVA, M. J. L. As artes e a diversidade étnico-cultural na escola básica. *In*: MUNANGA, K. (org.). **Superando o racismo na escola**. Brasília, DF: Ministério da Educação, Secretaria de Educação Fundamental, 2000. p. 119-136.

SILVA, P. B. G.; MONTEIRO, H. M. Combate ao racismo e construção de identidades. *In*: ABRAMOWICZ, A.; MELLO, R. R. (org.). **Educação**: pesquisas e práticas. Campinas: Papirus, 2000. p. 75-99.

SILVEIRA, D. B. A apequenização das crianças de zero a seis anos: um estudo sobre a produção de uma prática pedagógica. *In*: REUNIÃO ANUAL DA ANPED, 24., 2001. **Anais** [...]. Caxambu (MG), 2001. p. 01-10.

SILVÉRIO, V. R. A diferença como realização da liberdade. *In*: ABRAMOWICZ, A.; BARBOSA, M. L. A.; SILVÉRIO, V. R. **Educação como prática da diferença.** Campinas: Armazém do Ipê (Autores Associados), 2006.

SIROTA, R. Emergência de uma sociologia da infância: evolução do objeto e do olhar. **Cadernos de Pesquisa**, n. 112, p. 7-31, mar. 2001.

SOUZA, E. F. Repercussões do discurso pedagógico sobre relações raciais nos PCNs. *In*: CAVALLEIRO, E. (org.). **Racismo e anti-racismo na educação**: repensando nossa escola. São Paulo: Summus, 2001.

SOUZA, Y. C. **Crianças negras**: deixei meu coração embaixo da carteira. Porto Alegre: Mediação, 2002.

STEVENSON, H. W. **Studies of racial awareness in young children**. Edition by W. Willard *et al.* Washington, DC: Naeyc, 1967.

STOLCKE, V. Sexo está para gênero assim como raça para etnicidade? **Estudos Afro-Asiáticos**, n. 20, p. 101-119, 1991.

TEBET, G. de C.; ABRALOWICZ, A. Estudos de Bebês: linhas e perspectivas de um campo em construção. **Educação Temática Digital**, Campinas, SP, v. 20, n. 4, p. 924-946, 2018.

TEODORO, M. L. Identidade, cultura e educação. **Cadernos de Pesquisa**, n. 63, p. 46-50, 1987.

THEODORO, H. Buscando caminhos nas tradições. *In*: MUNANGA, K. (org.). **Superando o racismo na escola**. Brasília, DF: Ministério da Educação, Secretaria de Educação Fundamental, 2000. p. 77-93.

TRISTÃO, F. C. D. A sutil complexidade das práticas pedagógicas com bebês. *In*: MARTINS FILHO, **Altino José et al. Infância plural**: crianças do nosso tempo. Porto Alegre: Mediação, 2006.

TRIUMPHO, V. R. S. O negro no livro didático e a prática dos agentes de pastoral negros. **Cadernos de Pesquisa**, n. 63, p. 93-95, 1987.

VEIGA-NETO, A. **Foucault & a educação.** Belo Horizonte: Autêntica, 2003.

VIEIRA, L. M. F. Mal necessário: creches no Departamento Nacional da Criança (1940-1970). **Cadernos de Pesquisa**, São Paulo, n. 67, p. 3-16, 1998.

VIRNO, P. **Gramática da multidão**: para uma análise das formas de vida contemporâneas. Tradução de Leonardo Retamoso Palma. 2002. Tese (Doutorado em Filosofia da Linguagem) – Università della Calabria, Catanzaro, 2002.

ZUCCOLI, F. As indicações nacionais italianas: campos de experiência e artes. *In*: FINCO, D; BARBOSA, M. C; FARIA, A. L. G. (org.). **Campos de experiências na escola da infância**: contribuições italianas para inventar um currículo de educação infantil brasileiro. Campinas, SP: Edições Leitura Crítica, 2015.

WALSH, C. Interculturalidad y colonialidad del poder. Un pensamiento y posicionamiento 'otro' desde la diferencia colonial". *In*: WALSH, C.; LINERA, A. G.; MIGNOLO, W. **Interculturalidad, descolonización del estado y del conocimiento.** Buenos Aires: Del Signo, 2006. p. 21-70.

WINKLER, E. N. Children are not colorblind: How young children learn race. **PACE:** Practical Approaches for Continuing Education, v. 3, n. 3, p. 1-8, 2009.